AF371082

SOYEZ LIBRES : VIVEZ.

MÉMOIRES

SUR

LA BASTILLE,

ET

SUR LA DÉTENTION

DE M. LINGUET,

ÉCRITS PAR LUI-MÊME.

Surrexit è mortuis.

A LONDRES,

De l'Imprimerie de T. Spilsbury, Snowhill.

M. DCC. LXXXIII.

EXPLICATION DE L'ESTAMPE.

*L*E Courier du Bas-Rhin, *c'eſt-à-dire la feuille périodique la plus eſtimée des hommes honnêtes & éclairés, des vrais Philoſophes, en annonçant ces Mémoires, N°. 1, 1783, a préſenté une idée que l'on a ſaiſie, pour en faire le ſujet de cette Eſtampe.*

On y voit la Statue de Louis XVI, *avec les attributs de la Royauté, élevée au milieu des débris d'un Château à moitié ruiné, qui eſt cenſé repréſenter la* Baſtille.

*Ce Prince tend les mains avec bonté vers les Priſonniers qu'il vient de délivrer, & dont les attitudes expriment leur reconnoiſſance: ſon geſte majeſtueux & doux tout à la fois, répond au demi-vers d'*Alzire, *placé au bas de la gravure. Sur le piédeſtal on lit l'inſcription très-noble, indiquée par le* Courier du Bas-Rhin :

A LOUIS XVI,

Sur l'Emplacement de la B A S T I L L E.

Dans le fonds on apperçoit l'Horloge ſcandaleux, décrit page 86 *de ces Mémoires ;*

le cadran eſt frappé , & entamé par la foudre, qui, au lieu de l'inſcription inſolente rappellée à la même page , a gravé ſur le mur ces
mots précieux tirés de la Déclaration du 30
Août 1780 , ſur les nouvelles Priſons:

„ Ces ſouffrances inconnues , & ces peines
„ obſcures , du moment qu'elles ne contribuent
„ point au maintien de l'ordre par la publicité,
„ & par l'exemple , deviennent inutiles à notre
„ juſtice ".

Phraſe qui emporte ſeule la réprobation des
Baſtilles , puiſque, comme on va le voir , leur
deſtination ſpéciale eſt préciſément d'infliger , &
d'infliger arbitrairement, & d'infliger bien plus
ſouvent à des innocens qu'à des coupables , des
ſouffrances inconnues , & des peines obſcures.

MÉMOIRES

SUR

LA BASTILLE,

Et la Détention de l'Auteur dans ce Château-Royal, depuis le 27 Septembre 1780, jusqu'au 19 Mai 1782. (*)

LONDRES, *ce 5 Décembre 1782.*

JE suis en *Angleterre :* il faut prouver que je n'ai pas pu me dispenser d'y revenir. Je ne suis plus dans la *Bastille ;* il faut prouver que je n'ai jamais mérité d'y être.

Il faut faire plus : il faut démontrer que jamais personne ne l'a méritée ; les innocens, parce qu'ils sont innocens ; les coupables, parce qu'ils

---

(*) NB. J'ai été obligé de faire beaucoup de Notes, & plusieurs sont un peu longues : j'ai pris le parti de les rejetter à la fin, en marquant exactement les renvois qui les indiquent. Cette méthode distrait moins le Lecteur ; & elle rappellera un autre ouvrage, où je me suis bien trouvé de l'avoir employée.

A 3

ne doivent être convaincus, jugés, punis, que
fuivant les Loix, & qu'on n'en fuit aucune, ou
plutôt qu'on les viole toutes à la *Baftille*; parce
que, fi ce n'eft en *Enfer* peut-être, il n'y a pas
de fupplices qui approchent de ceux de la *Baftille*,
& que s'il eft poffible de juftifier l'inftitution de la
Baftille en elle-même, danc de certains cas, il ne
l'eft dans aucun d'en juftifier le *Régime* : il faut
faire voir que ce régime, auffi honteux que cruel,
répugne également à tous les principes de la juftice & de l'humanité, aux mœurs de la Nation, à
la douceur qui caractérife la Maifon Royale de
France, & fur-tout à la bonté, à l'équité du Souverain qui en occupe aujourd'hui le trône.

C'eft par cette difcuffion que je vais confacrer
la reprife de mon travail, & ma rentrée dans ma
pénible carriere.

Les deux premiers articles femblent m'être pu-
rement perfonnels, & n'intéreffer que moi. On
verra qu'ils font liés inféparablement avec le
troifieme, & qu'ils en font une partie effentielle.
Ils forment enfemble un cours d'oppreffions,
un enchaînement d'iniquités & de douleurs, dont
affurément il y a bien peu d'exemples depuis l'hiftoire de *Job*.

D'ailleurs, ferois-je digne de traiter le dernier, fi je ne commençois par éclaircir les deux
autres? Si je n'étois qu'un transfuge affamé de
vengeance, ou un coupable flétri du pardon,
quel poids auroient mes réclamations?

Mais après avoir vu les preuves de mon innocence, on fera plus vivement frappé du tableau
des horreurs dont elle n'a pu me préferver : l'in-

térêt augmentera encore, si l'on pense que ces horreurs, il n'y a point de *François*, ni d'Etranger, de ceux qui voyagent en *France*, qui puisse s'affurer de ne les éprouver jamais. Les *Bastilles Françoises* ont dévoré, elles dévorent journellement des hommes de tous les rangs & de toutes les nations : on pourroit graver fur les avenues de ces gouffres (1) l'avis adressé aux passans, fur la porte de quelques cimetieres : *Hodie mihi, cras tibi.*

Qui peut en effet se promettre d'éviter un fort dont la qualité d'héritier présomptif de la couronne n'a pu garantir un *Louis XII*, ni des lautiers accumulés un *Condé* (2), un *Luxembourg*; ni les vertus ou la fcience un *Sacy*, & tant d'autres; ni la morgue des compagnies de *Robe* un *Pucelle*, ni les plus importans fervices un *La Bourdonnaie*; ni le droit des gens tant d'*Anglais*, d'*Allemands*, d'*Italiens*, &c. dont les noms fculptés par la rage de l'ennui fur ces funeftes murs, y forment de toutes parts une efpece de géographie auffi variée qu'effrayante? &c. C'eft donc, pour ainfi dire, le caractere d'une épidémie redoutable à tout le genre humain, que je vais déterminer ici.

Malgré la prodigieufe quantité de témoins qui ont involontairement vifité ces abymes, les détails intérieurs en font très-peu connus : les Mémoires de *La Porte*, de *Gourville*, de Mde. *De Staal*, n'en apprennent prefque rien ; du moins de ce qu'ils difent, il ne réfulte que la preuve d'un fait inconcevable ; c'eft que de leur tems ce *Tartare* étoit une efpece de *Champs Elifées* auprès de ce qu'il eft aujourd'hui.

Alors les prifonniers recevoient des vifites : ils fe voyoient entr'eux familierement : ils fe promenoient enfemble : les officiers de *l'état major* parloient, mangeoient avec eux : ils étoient pour eux des confolateurs autant que des gardiens : *La Porte* parle en propres termes des LIBERTÉS *de la* BASTILLE ; il donne ce nom à tous les adouciffemens que l'on vient de voir, dont jouiffoient lui & tous fes compagnons d'infortune.

Et *La Porte* parle du regne du *Cardinal de* RICHELIEU : *La Porte* étoit un des hommes du Royaume qui devoit être le moins ménagé : le defpotifme de l'impitoyable Miniftre étoit perfonnellement intéreffé à lui arracher un fecret précieux dont il étoit le confident, ou fa vengeance à le tourmenter : la *Baftille* n'avoit donc point dans ce tems-là d'amertumes qu'il n'ait dû boire, ni de tourmens qu'il n'ait dû fubir. Que l'on compare fa defcription avec la mienne (3).

Comment s'eft opéré cet accroiffement de barbaries ? Je l'ignore : mais une bien douloureufe expérience ne m'en a que trop appris la réalité. Tandis que tout paroît tendre dans les mœurs générales à la molleffe, plutôt qu'à la rigueur ; tandis que le Prince qui regne aujourd'hui fur la *France* ne manifefte que des intentions bienfaifantes ; tandis que des modifications humaines ont affuré par fes ordres, dans les prifons ordinaires, des foulagemens, même aux criminels convaincus, on ne s'occupe à la *Baftille* qu'à multiplier les fupplices pour l'innocence. Ses cachots ont acquis plus d'atrocités que les autres n'en ont perdu.

Révéler cette incroyable dépravation, c'eſt, ſous un Prince équitable, en néceſſiter la réforme: ainſi, mes derniers adieux à ma Patrie ſont encore un ſervice que je lui rendrai: mon dernier hommage au Roi vertueux qui la gouverne ſera pour lui une occaſion de plus de faire le bien qu'il aime & qu'il cherche.

Mais cette révélation, n'y a-t-il rien qui me l'interdiſe? Tous les objets que je traite ici, puis-je les traiter ſans ſcrupule? Puis-je *en conſcience* mettre le Public dans le ſecret des terribles myſteres auxquels le 27 Septembre 1780 m'a initié?

Les gardiens de la *Baſtille* n'ont pas, à la vérité, à leur diſpoſition les eaux de *Léthé*, pour détruire dans la mémoire de leurs victimes le ſouvenir de leurs cruautés: mais ils eſſaient d'y ſuppléer. Le deſpotiſme qui fait du ſilence un des tourmens de la *Baſtille* quand on y eſt, tâche d'en faire un devoir religieux quand on en ſort: on force tous les *Jonas* qu'elle revomit à JURER *qu'ils ne révéleront jamais rien, ni directement, ni indirectement, de ce qu'ils ont pu y apprendre, ou y ſouffrir.*

C'eſt un Magiſtrat dans le coſtume conſacré en apparence à la juſtice (4); ce ſont des Militaires décorés du gage apparent d'un ſervice pur (5), & d'une vie dévouée à la défenſe des citoyens, qui préſident à ce dernier acte d'une oppreſſion dont ils ont été les inſtrumens. On montre au demi-reſſuſcité la porte qui ſeule peut le rendre à la vie, à demi-ouverte, & prète à ſe refermer s'il héſite: on veut ne lui laiſſer de choix qu'entre le ſilence, le parjure ou la mort.

Hommes fenfibles de toutes les nations, ca-
fuiftes rigides, qui favez ce que l'honneur & la
délicateffe prefcrivent, prononcez. Ma plume
doit-elle être liée, parce que mes mains l'ont
été injuftement? Non fans doute; vous me criez
d'une voix unanime que l'infraction de cet enga-
gement ignominieux n'eft pas un parjure; que le
crime eft de l'exiger, & non pas de le rompre.

Vous avez abfous le célèbre *Dellon* d'avoir
brifé ce frein fabriqué par une inquifition reli-
gieufe, qui ayant précifément les mèmes principes que celle-ci, emploie les mèmes reffources
pour en enfevelir la honte & le fcandale. Vous
vous réuniffez tous pour renouveller & confacrer à jamais cet axiome précieux à la fociété, cet
axiome dont l'oubli donneroit trop d'avantage
aux méchans armés du pouvoir, que le ferment
a été inftitué pour garantir les conventions légi-
times, pour affurer l'obfervation des Loix, &
non pour défendre, pour aider à perpétuer les
abus qui les enfreignent.

---

§. I.

On m'a fait une néçeffité de revenir en ANGLETERRE.

APrès ce qui s'étoit paffé en 1777 entre M. le
Comte de *Vergennes* & moi, (6) ce Miniftre étoit
de tous les politiques de l'*Europe*, celui avec
lequel je devois avoir le moins de relation.
Cependant à l'approche de la rupture entre la
France & l'*Angleterre*, en Mars 1778, comptant

fur la réputation de délicateſſe perſonnelle, &
de probité privée qu'il s'eſt faite, j'ai cru pouvoir hazarder de lui écrire, pour lui commu-
niquer ma répugnance à reſter dans un pays
qui alloit devenir ennemi du mien : je lui demandois ſi, en changeant de ſéjour par un principe auſſi patriotique, je n'aurois pas à craindre de nouvelles perſécutions de la part du Miniſtère de *France :* je finiſſois par ces mots.

„ Je ſens bien que les circonſtances ne me
„ permettent pas d'eſpérer pour le préſent des
„ réparations: mais mon cœur ſe contenteroit
„ de celle que le Public me fait , ſi en me tranſ-
„ plantant je pouvois compter ſur du repos, &
„ j'y compterois *ſi j'avoiſ votre parole pour gage :*
„ Je vous demande pardon ſi, malgré mon in-
„ nocence bien, & peut-être trop bien prouvée,
„ je crois devoir prendre des ſûretés; mais tel
„ eſt le malheur de ma poſition; & j'oſe croire
„ que vous ne m'en ſaurez pas mauvais gré. Si
„ je me défie du Miniſtère, vous voyez combien
„ j'ai de confiance dans le Miniſtre ".
Le 20 du même mois, M. le Comte de *Ver-*
gennes m'a répondu en ces termes : " Vous me
„ faites part, Monſieur, &c. M. le Comte de
„ *Maurepas,* auquel j'en ai fait part, *approuve*
„ *fort cette réſolution ;* & il M'AUTORISE à
„ vous mander que vous pouvez bannir *toute*
„ *inquiétude de ce côté - ci ....* Je crois, Mon-
„ ſieur, qu'avec cette aſſurance vous pouvez
„ prendre le parti que vous jugerez le plus con-
„ venable. *Je ne vous la donnerois pas, ſi je*
„ *ne devois la regarder moi - même comme très-*
„ *certaine ".*

Le 7 Avril suivant, j'ai demandé à M. le Comte de *Vergennes* de nouveaux éclaircissemens: j'ai fait un nouveau sacrifice, plus pénible peut-être, &, j'ose le dire, plus noble encore que celui de mon séjour. (7) M. le Comte de *Vergennes* m'a répondu le 23. " J'ai reçu, „ Monsieur, votre lettre, sur laquelle je ne „ puis que vous confirmer ce que je vous ai „ marqué par ma précédente. Elle vous annon- „ ce, tant de la part de M. le Comte de *Mau-* „ *repas*, que de la mienne, une S U R E T É „ ENTIERE POUR VOTRE PERSONNE, dans le „ nouveau domicile que vous vous proposez de „ prendre. Je vous en renouvelle bien volon- „ tiers l'assurance, & celle de *vous laisser le* „ *maître de continuer vos travaux littéraires*, étant „ bien persuadé que le *Roi*, la *Religion*, ni l'E- „ *tat* n'y seront pas attaqués ".

Sur cette sauve-garde bien solemnelle, comme on le voit, bien authentique, & sans conditions, j'ai quitté l'*Angleterre*. Je me suis fixé à *Bruxelles*. J'ai fait plusieurs voyages en *France* en 1778, en 1779: j'ai vu les Ministres : les *Annales* ont continué d'avoir un cours aussi libre qu'honorable ; la littérature, j'ose le dire, n'a point produit d'ouvrage où le *Roi*, la *Reli- gion*, l'*Etat*, aient été plus scrupuleusement respectés.

Cependant, le 27 Septembre 1780, ayant été attiré à *Paris* par une suite de trahisons dont j'indiquerai ailleurs quelques-unes, je me suis vu arrêté en plein jour, avec un opprobre ré- fléchi & combiné, (8) plongé dans des cachots deſtinés uniquement, en apparence, aux ennemis du *Roi*, de la *Religion*, ou de l'*Etat*, & livré dans ma perſonne, dans mon honneur, dans ma fortune, à tout ce que des géoliers barbares, des calomniateurs ſans frein, des ſuppôts avides, & des agens infideles peuvent ſe permettre d'indignités.

Après vingt mois paſſés ſans aucune ſorte d'adouciſſement, ni d'explication, ma captivité a paru finir le 19 Mai 1782 ; & elle n'a fait réellement que changer de forme. Le Lieutenant-général *de police de Paris* venu en grand appareil pour m'annoncer que je n'étois plus *priſonnier*, m'a notifié que j'étois *exilé*. Il m'a remis un ordre qui me reléguoit dans un petit bourg à 40 lieues de *Paris*, avec défenſe d'en *déſemparer* A PEINE DE DÉSOBÉISSANCE.

Quoiqu'on ne daignât pas plus s'expliquer ſur le motif de l'*Exil* que ſur celui de la *Priſon* ; quoique j'euſſe les plus fortes raiſons de croire que ce nouveau coup partoit du Miniſtère, & non pas du Roi, je n'ai pas refuſé de me ſoumettre. J'ai demandé ſeulement deux graces bien ſimples : l'une, la permiſſion de reſter à *Paris*, au moins juſqu'à ce que j'euſſe recouvré les forces néceſſaires pour m'en éloigner, & tiré des mains plus que ſuſpectes, qui ſe trouvoient par de bien étranges manœuvres nanties de preſque tous mes fonds, ce qu'il falloit pour y vivre ; l'autre, d'aller à *Bruxelles* paſſer quelques jours, pour y mettre fin à la confuſion qui depuis deux ans confumoit le reſte de ma fortune.

Je devois d'autant plus eſpérer de la condeſcendance ſur ces deux articles, que le déſordre

auquel j'avois à remédier étoit émané du Miniftère de *France* directement. Il avoit fait requé-
rir *miniftériellement* à *Bruxelles*, au nom du *Roi
de France*, par le Chargé-d'affaires de *France* (9),
fecondé d'un Exempt de la Police de *Paris* (10),
& d'un fubftitut que je nommerai ailleurs (11),
le tranfport non-feulement de *mes papiers*, mais
de *mon argent*: & ce qu'on n'avoit pas emporté,
on l'avoit diffipé. On avoit payé à mes frais les
courfes du Sous miniftre (12), de l'Exempt en
Chef, de l'Exempt en Second: on avoit payé
une garde dont le fervice confiftoit à piller,
fous prétexte de conferver: on avoit payé les
officiers du pays, empreffés de difputer ma dépouille aux officiers étrangers. L'injuftice *Françoife* avoit été prodigue de mes efpeces envers la
juftice *Brabançonne*.

De plus, n'ayant recouvré l'exiftence qu'avec
un nouveau préfent à faire à ma Patrie; ayant à
conftater par l'expérience une invention très-pré-
cieufe, à réalifer pour l'utilité publique un nouvel ufage de la lumiere, imaginé dans un tems
où je ne la voyois pas; la confiance qui me faifoit
efpérer la modification, & même la révocation
de mon exil, étoit affurément fondée.

La curiofité m'a obtenu un court délai fur
le premier point; & je ne l'ai pas trompée. J'ai
fait l'expérience: elle a réuffi (13). Le jour même
on m'a dit, *Partez pour* Rethel, *& n'en défem-
parez pas*; quoique pour obtenir la permiffion
d'aller à *Bruxelles*, je donnaffe verbalement, &
par écrit, ma parole de revenir fur-le-champ;
quoique depuis un mois je n'euffe ceffé de re-

nouveller la promeſſe déja offerte du fonds de
mon tombeau, non pas, comme quelques gazettes ont eu la bêtiſe ou la malignité de le dire,
de *ne plus écrire que d'après les vues du Miniſ-*
tère de France, mais de ne plus écrire du tout,
ſi on l'exigeoit ; de me renfermer dans un ſilence
abſolu, pourvu qu'en échange de ce ſacrifice,
on me rendît au moins les droits ordinaires de
citoyen (14) ; pourvu qu'en me réſignant, puiſqu'on le vouloit, à ceſſer d'être utile à la ſociété,
on ceſſât de me traiter plus rigoureuſement que
tant d'hommes qui lui ſont à charge. Je mettois
même dans ces inſtances & ces offres une douceur, une ſoumiſſion, qui ſcandaliſoient preſque les témoins impartiaux, & ont perſuadé à
quelques-uns qu'enfin mon cœur avoit fléchi,
ou ma tête cédé, ſous l'excès de l'infortune.

Ils ſe trompoient : ma conduite en ce moment
n'étoit pas différente de celle que j'ai tenue dans
toutes les autres occaſions de ma vie : je n'ai jamais pris un parti d'éclat, ſans avoir épuiſé tous
les moyens imaginables de l'éviter.

Ici, ce n'eſt que quand il ne m'a plus été poſſible de douter qu'il n'y eût un plan formé de
m'anéantir le reſte de mes jours, d'achever de
me faire perdre ce qui me reſtoit de reſſources
en tout genre, en m'éloignant également de mes
amis & de mes affaires, que je me ſuis enfin
déterminé à une démarche devenue indiſpenſable.

Alors même j'ai encore écouté les ſcrupules
d'un ſujet ſoumis, qui reſpecte le nom de ſon
Prince juſques dans l'abus que ſes Miniſtres oſent

se permettre d'en faire. Revenu à *Bruxelles*, je n'ai point songé d'abord à chercher une autre retraite. Quoique effrayé de la dévastation de ma maison ; quoique indigné des bassesses, des infidélités sans nombre commises par les agens ministériels qui avoient couru y traiter mes effets, comme on traitoit ma personne à *Paris* ; je me bornois à regretter mes pertes, à rassembler mes débris. Je ne voulois chercher que des distractions.

Je méditois un voyage de plusieurs années ; après avoir porté mon hommage aux pieds d'un Prince qui donne à tous les Princes de si nobles leçons par son exemple, & qui rend au trône des *Césars* un éclat qu'aucun trône n'a eu depuis long-tems, mon dessein étoit de passer en *Italie*, & d'aller tâcher d'oublier dans l'étude des monumens des siecles passés ce que j'ai souffert dans celui-ci.

Ce moyen indirect de me conformer encore aux vues du Ministère de *France* ne m'a pas été laissé. Des amis fideles m'ont averti qu'il ne me pardonnoit pas de ne m'être point piqué d'une obéissance parfaitement littérale ; & que, par les embûches dressées sur la route, le chemin de l'*Italie* redeviendroit infailliblement pour moi celui de la *Bastille*.

Comme cet avis me venoit de la même main qui m'avoit prévenu de la *premiere Lettre-de-cachet*, (car j'en avois été prévenu, mais j'avois refusé d'y croire) je n'ai pas pensé qu'il fût sage d'en braver une seconde. J'ai mis entre ces largesses du Ministère de *France* & moi une distance

tance qu'elles ne franchiſſent point. Mes vrais protecteurs, ceux qui ont contribué à mon ſalut, ne feront pas fâchés ſans doute que j'aie pris des précautions ſûres pour conſerver le fruit de leur amitié. Si les autres en marquoient du reſſentiment, ils acheveroient de prouver combien elles étoient néceſſaires.

Maintenant je le demande à tous les hommes honnêtes & impartiaux : Qu'ai-je pu faire que je n'aie pas fait ? Qu'ai-je fait que je n'aie pas été obligé de faire ?

Qu'on daigne réfléchir un moment ſur les circonſtances qui ont accompagné & ſuivi la reſtitution de ma liberté. Quoi ! à l'ordre de ſortir de *Paris* où j'avois les affaires les plus preſſantes, on joint la défenſe de me rendre à *Bruxelles* où des intérêts non moins précieux m'appelloient ? L'unique réponſe à mes prieres, à mes offres, à mes humiliations même, pour obtenir la diſpenſe d'une de ces deux injonctions, c'en eſt une troiſieme, qui me condamne, après une inaction, une mort de deux années, à continuer de végéter au fonds d'un bourg inconnu, dans une oiſiveté auſſi ruineuſe que fatiguante ! Ce ſont-là les faveurs, les graces, qui ſuccèdent à une oppreſſion ſans exemple dans toutes ſes parties !

Quel pouvoit en être l'objet ! De me punir ! Eh, de quoi ! Quel étoit mon crime ? Me l'avoit-on dit ? me le diſoit-on ? La tardive juſtice que l'on venoit enfin de me rendre, prouvoit aſſez mon innocence. Qui croira que, ſi l'on avoit pu fabriquer l'ombre d'un prétexte pour motiver des chaînes éternelles, on eût brifé celles dont on m'avoit chargé fans motif ? Un coupable convaincu, condamné, peut bien recevoir comme une faveur la diminution de fon fupplice : mais un innocent !

Devois-je regarder ce caprice du Miniftère comme une attention paternelle ? Sans doute il ne prétendoit pas me traiter comme on traite ces affamés qui ont long-tems fouffert de la difette. Un médecin fage ne leur rend que peu-à-peu les alimens, dont une trop grande quantité rifqueroit d'abord de les étouffer. Mais probablement on ne craignoit pas de même pour moi l'effet fubit du grand air ; on n'avoit pas la délicateffe de ne me remettre au régime de la liberté, qu'infenfiblement, afin qu'il me fût plus falutaire.

Si cette diète politique avoit un objet, ce n'eft pas à moi qu'on vouloit qu'elle épargnât des dangers. Ce qu'elle étoit-deftinée à prévenir, c'eft l'explofion de ces foupirs accumulés pendant deux ans de défefpoir ; ce font les premieres afpirations d'un cœur déchiré pendant cet efpace avec un fang froid fi barbare, & une injuftice fi tranquille. Ce font mes réclamations contre une violence qui a retranché deux ans de ma vie ; contre des attentats dont les fuites en abrégeront le refte; contre des traitemens qui n'ont jamais eu d'exemple, qui n'en auront jamais peut-être; même à la *Baftille* (15). Voilà ce que l'on redoutoit.

Mais pour que cette précaution ne fût pas un nouvel outrage, & une iniquité de plus, au moins falloit-il la concilier avec l'arrangement de mes affaires perfonnelles, & le foin de mes intérêts domeftiques : je ne demandois ni penfion, ni indemnités, ni places; je ne follicituis que la permiffion de réunir les lambeaux de mes propriétés indignement attaquées, & diffipées plus indignement encore. Sans cela, pillé par les fubftituts du Miniftere *François*, de la Police *Françoife* ; ruiné par un agent infidele; ne pouvant ni faire mes recouvremens arriérés, ni remédier aux déprédations paffées, ni prévenir les futures, comment aurois-je vécu à *Réthel Mazarin* ? Les *Lettres-de-cachet* font-elles donc des lettres de change ?

On a infinué dans le Public qu'en exigeant de moi cette derniere épreuve, on m'avoit annoncé des récompenfes ; qu'on me préparoit des couronnes, fi j'avois fubi avec réfignation ce dernier acte de mon martyre; mais que j'avois tout dédaigné, & préféré l'efpoir aveugle de la vengeance à la jouiffance paifible des bienfaits qui m'auroient dédommagé de mon infortune.

. Rien n'eft plus faux :

L'unique récompenfe que l'on m'ait préfentée, c'eft *l'efpoir d'apprendre un jour*, *fi j'étois long-tems bien obéiffant*, LE VÉRITABLE MOTIF DE MA DÉTENTION ; c'eft un homme en faveur qui m'a offert cet appas. Un homme en place s'eft borné à me dire : *Si vous voulez vivre ici*, TACHEZ DE VOUS FAIRE OUBLIER.

J'ai cru qu'il étoit plus facile, plus fûr, plus néceffaire de tâcher de m'échapper. Mais je le

répète: docile encore dans ma défobéiffance apparente, révérant, chériffant encore des liens
dont ceux de la *Baftille* ne m'avoient cependant
que trop affranchi; c'eft dans le voifinage de ma
Patrie, c'eft dans un pays qui en eft pour ainfi
dire la continuation que je me ferois contenté de
chercher une retraite, fi elle avoit pu être affu-
rée: il a fallu l'excès de la prévarication, & du
danger, pour me repouffer dans l'afyle inacceffible
où je fuis, & que je n'aurois jamais dû quitter.

Ceux que ma retraite & mon indépendance
actuelle allarment peut-être avec raifon, ne man-
queront pas de s'armer du feul prétexte apparent
qui puiffe fervir leur malignité. Ils m'accuferont
d'*ingratitude* & de *révolte*. Ils diront que fi ma
conduite paffée n'offre point de *crime d'Etat*,
le choix de mon afyle préfent en eft un. L'effort
qu'ils ont rendu indifpenfable, ils le peindront
comme une évafion criminelle. Ils produiront
comme une preuve de la jufteffe des preffentimens
qu'ils oppofoient à la reftitution de ma liberté,
l'ufage qu'ils m'ont forcé d'en faire; & l'emploi
d'une faculté *qu'on auroit pu*, diront-ils, fe difpenfer de me rendre.

Qu'on eût pu s'en difpenfer, il n'y a pas de
doute : quand on a la force en main, ce qu'on
ravit fans droit, on eft maître de le garder toujours: rien de plus clair. Mais ce n'eft pas là de
quoi il s'agit.

Il eft queftion feulement de favoir, d'un côté,
fi, parce qu'une captivité fans caufe n'a pas été
fans terme, j'ai dû me foumettre aveuglement à
la continuation d'une rigueur conftamment ini-

que dès son principe; & de l'autre, si ayant apprécié ce qu'elle valoit une prohibition révoltante, à laquelle il est impossible de supposer que le Roi ait eu part, j'ai pu me croire en sûreté ailleurs qu'ici contre un despotisme ministériel qui n'avoit pas respecté une sauvegarde solemnelle, émanée de lui-même.

Il ne faut pas oublier cette promesse bien inutile, mais bien authentique, signée au nom du Comte de *Maurepas*, qui n'existe plus, par M. le Comte de *Vergennes*, qui existe encore; elle me garantissoit, comme on l'a vu, *la sûreté de ma personne*, non pas, comme on l'a dit, *pour un tems limité*, mais pour toujours, & sans aucune restriction, ou du moins sans autre restriction, même présumée, que celle à laquelle assurément je n'ai pas manqué, de continuer à *respecter le Roi*, *la Religion*, *& l'Etat*.

A-t-on laissé ignorer au roi ce motif de ma sécurité dans ses Etats; ou bien, en me calomniant auprès de lui pour détruire l'estime dont il m'honoroit, pour le déterminer à une rigueur que la vérité n'auroit certainement pas motivée, lui a-t-on persuadé que cette barriere ne devoit pas l'arrêter? Je n'en sais rien.

Ce que je sais, c'est qu'avec ma sauve-garde & mon innocence, sous un règne équitable & doux, j'ai été traité, pendant deux ans, non pas comme un accusé, prévenu de quelque délit; (car un tel homme on lui fait son procès; on l'instruit du grief qui en est le motif; on lui permet de se défendre); mais comme un coupable convaincu de tous les crimes de *Lese-majesté* possibles. Or, la

parole des Miniſtres de *France*, & la pureté de
ma conduite, ne m'ayant pas garanti pour le paſſé, quand leur vindicative infidélité manquoit
même de prétexte, que devois-je eſpérer pour l'a-
venir, en reſtant dans le voiſinage de la *France*,
après avoir par une démarche légitime, néceſſaire, mais contraire à leurs volontés, fourni d'après
les regles de leur implacable deſpotiſme un prétexte apparent pour une nouvelle oppreſſion? Je
ne pouvois pas me flatter d'être plus irrépréhenſi-
ble : devois - je m'attendre qu'ils deviendroient
plus timorés?

Dans les circonſtances où je me trouvois, le
choix de ma retraite étoit-il libre? Ai-je pu, ai-je
dû balancer entre la *Baſtille* & l'*Angleterre*? Après
avoir quitté ſans honte, avec gloire peut-être,
cette nation généreuſe, n'ai-je pas pu ſans remords
revenir implorer ſa protection? (*)

§. I I.

Que ma détention n'a aucun motif fondé.

Bien juſtifié ſur le reproche d'ingratitude ou de
révolte dans l'uſage de ma liberté recouvrée, il ne
m'eſt pas permis de laiſſer ſubſiſter le moindre
nuage ſur les cauſes qui me l'ont fait perdre, ou
plutôt ſur le fait précis qu'il n'y en a eu aucune
capable de motiver l'abus de pouvoir dont cette

______

(*) Pour apprécier équitablement mon retour, il faut
lire, après ceci, la page 521 du Tome III des *Annales
Politiques*, &c.

perte a été le fruit. Je dois cette courte difcuffion à moi même, à mes amis, à la confiance des hommes honnêtes, qui jugeant de mon ame par la leur, m'ont toujours défendu fur la feule conviction de mon innocence. Il faut leur prouver que ce preffentiment ne les trompoit pas.

Ma réputation a été trop long-tems livrée à la rage de mes ennemis, qui ne craignoient pas de réponfe ; à la licence des gazettiers, juftifiée, il eft vrai, par l'appareil & la rigueur de ma détention. Comment fe perfuader que fous un gouvernement qui n'eft point atroce, & fur-tout fous un Roi dont les bonnes intentions font connues, un traitement fi févère n'eût pas des motifs proportionnés ?

Un miniftre étranger, qui s'eft intéreffé vivement pour moi, par fa propre inclination, & par l'ordre de fon Souverain, m'a dit à ma fortie, que jamais il n'y avoit eu *d'Affaire d'Etat* plus gravement traitée que la mienne ; & que, malgré fon penchant à me croire innocent, il avoit conclu de la maniere dont on lui fermoit la bouche dans fes follicitations, que j'étois coupable d'un crime de *Lefe-majefté*, dont on me faifoit grace de ne pas précipiter le châtiment.

Et tous ceux qui ont fait des démarches en ma faveur ont reçu le même accueil. Tantôt un filence glaçant ; tantôt des marques de regret, & de pitié ; quelquefois même des éloges qui fembloient indiquer une bonne volonté devenue impuiffante par les raifons les plus terribles ; enfin des demi-mots qui laiffoient à l'imagination la plus vafte, la plus lugubre carriere fur l'énormité des délits,

& la durée, comme la juſtice de la punition; voilà ce que trouvoient mes amis chez tous les gens en place, du moins chez ceux à qui l'on ne pouvoit pas ſuppoſer que les vrais motifs de ma détention fuſſent cachés.

Il eſt inconcevable, je l'avoue, que l'objet d'un ſemblable manege, non-ſeulement ſe trouve en définitif abſolument innocent, mais même qu'il n'ait jamais été inculpé; il eſt inconcevable qu'en livrant ſa perſonne à des traitemens que les plus grands crimes, les mieux prouvés, auroient à peine juſtifiés, on livrât de ſang froid ſon honneur à l'indiſcrétion, à la malignité publiques; qu'on autoriſât cette malignité à regarder, à donner comme une preuve de ſes attentats la rigueur injuſte dont on l'accabloit, & que les diſtributeurs de ces réticences perfides fuſſent préciſément ceux qui en connoiſſoient le mieux l'injuſtice & le danger; qu'enfin ce danger, cette injuſtice entraſſent dans les calculs de leur vengeance, dans le lucre qu'ils prétendoient tirer de leur oppreſſive impoſture.

Il eſt inconcevable qu'il exiſte un miniſtère capable d'une cruauté auſſi ſoutenue, auſſi raffinée, d'une hypocriſie auſſi profonde: il l'eſt que des hommes occupés, ou cenſés occupés des affaires publiques les plus importantes, trouvent le tems de combiner une ſi honteuſe fraude; qu'ils ſe liguent ainſi pour en impoſer à la fois au Prince qui les honore de ſa confiance, & au public témoin de leurs démarches; qu'ils ſe conféderent pour perdre par de ſemblables manœuvres, qui? Un ſimple particulier, un homme irréprochable, dont l'unique faute étoit d'avoir trop aimé fa Patrie, & pris trop de confiance dans leurs paroles. Mais ce fait eft plus vrai encore qu'étonnant.

J'ignore, je le répète, ce que l'on a pu dire au Roi; de quelles calomnies on s'eft fervi pour faire prévaloir dans fon efprit la néceffité apparente de m'écrafer par un coup éclatant, fur le plaifir qu'il paroiffoit prendre à me lire, & le penchant qu'il avoit à me protéger : jamais rien ne m'en a été communiqué : pendant les vingt mois de ma détention, je n'ai pas fubi l'ombre d'un interrogatoire, pas l'apparence d'un examen. Je porte aux Miniftres de *France*, à la face de l'*Europe*, le défi folemnel de produire un feul acte qui prouve que l'on ait rempli à mon égard la moindre formalité.

Ma fortie, comme on l'a vu, a été accompagnée du même myftere : l'ordre d'exil n'a pas été moins filentieux : ainfi je ne puis me juftifier précifément fur rien, puifque j'ignore abfolument de quoi l'on a pu m'accufer.

Mais c'eft déja, fans doute, un grand préjugé que ce filence envers un homme fur qui l'on aggravoit d'ailleurs toutes les efpeces de cruautés qui fuppofent une conviction complette & foudroyante. Toutes les loix le profcrivent; on ne peut fe le permettre qu'à la *Baftille*, & peut-être en ce lieu même n'a-t-on jamais ofé fe le permettre qu'envers moi. Il ne faudroit pas d'autres preuves de la nullité ou de la fauffeté des accufations.

Voici plus : voici qui achevera de lever toute efpece de doute : on n'a ceffé de me dire à la

Baftille, que ma détention étoit émanée de la volonté directe & immédiate du Roi ; que je n'étois pas un homme affez obfcur pour qu'on eût hazardé un coup d'autorité contre moi fans fon aveu : c'eft cette barriere facrée que l'on n'a ceffé d'oppofer à mes efforts pour découvrir, pour entrevoir au moins les motifs fi foigneufement cachés de ma détention. Cet aveu, cette volonté ont donc eu pour principe des délations quelconques, des griefs articulés & précis.

Eh bien, calomniateurs audacieux, qui auriez réuffi à m'enlever l'eftime du Protecteur que la nature & la Providence m'avoient donné, c'eft à fes pieds que je vous cite : je vous dénonce à fon ame honnête & franche que vous avez trompée. Si vous ne lui avez rien dit qui ait pu rendre un inftant fufpect mon amour pour fa perfonne, mon dévouement à fes intérêts, mon averfion, mon horreur pour toute efpece de manœuvre, en général, & fur-tout pour celles qui auroient eu un but oppofé, je le déclare en termes formels : vous avez dit autant de menfonges que de paroles.

Et ne vous flattez pas d'échapper à mes inftances fous ce voile fi fouvent profané du refpect dû aux *Secrets de l'Etat* : ne vous abufez pas en efpérant qu'il cachera les refforts de votre defpotifme frauduleux, comme la *Baftille* en cache les réfultats : non ; je vous pourfuivrai jufques dans cet afyle que vous fouillez : je ne cefferai d'y faire rétentir ces mots terribles pour vous, & auxquels le Monarque équitable à qui je les adreffe, ne fera peut-être pas infenfible : " Vous

„ l'avez trompé : ma conduite & ma plume ont
„ toujours été pures comme mon cœur ".

Vous avez laiſſé dire, aſſurer, imprimer dans
toutes les gazettes, " Que j'avois tramé des
„ projets dangereux ; que j'avois compoſé &
„ donné des Mémoires capables d'attirer à la
„ *France* des réclamations embarraſſantes, ou du
„ moins d'en réveiller le deſir ". C'eſt-là le bruit
que j'ai trouvé le plus accrédité en ſortant du
tombeau ; c'eſt-là l'opprobre auquel vous aviez
dévoué ma cendre, ſi, malgré vos efforts, une
main toute puiſſante ne m'en avoit pas arraché.

Peut-être l'obſtacle que vous avez mis à mon
retour à *Bruxelles*, a-t-il eu pour objet de confirmer encore, d'accréditer cette impoſture auſſi
criminelle qu'abſurde. Peut-être, après avoir eu
l'art de la rendre probable aux yeux que vous
vouliez tromper, avez-vous eu celui d'empêcher
les éclairciſſemens entre les deux Souverains
qu'elle intéreſſoit, & de prévenir une explication qui m'auroit juſtifié.

Peut-être même, redoutant la protection dont
m'honoroit l'auguſte & vertueuſe Princeſſe qui
eſt le lien de leur union, n'avez-vous forgé cette
calomnie que pour la réduire au ſilence quand il
s'agiroit de moi ; épouſe de l'un, ſœur de l'autre, tant que les faits ne ſeroient pas éclaircis,
elle devoit craindre de paroître s'intéreſſer pour
un homme ſuſpect de leur avoir manqué également à tous deux : & comment éclaircir ces faits,
puiſque dans la matiere délicate ſur laquelle
vous portiez les ſoupçons, il étoit ſi facile d'éluder les éclairciſſemens !

Mais vous n'aurez pas le crédit d'étouffer la proteſtation que je conſigne ici. Renfermé excluſivement dans mes travaux littéraires, je ne me ſuis permis d'autres ſpéculations politiques, ſans exception, que celles que j'ai publiées dans les *Annales*: j'oſe invoquer ici, pour détruire l'impoſture que vous avez ou inventée, ou tolérée, le Souverain auguſte dont elle compromettoit le nom. Loin de me livrer à la démence folle, qui auroit voulu préſager & juſtifier le démembrement de la *France*, c'eſt dans ſon ſein que je n'ai ceſſé de me préparer une retraite (16). C'eſt de ſes proſpérités que j'ai perpétuellement fait dépendre la mienne, juſqu'au moment où vous avez payé l'attachement le plus tendre par des ſupplices à peine réſervés à ſes plus implacables ennemis ; juſques-là elle n'a point eu d'enfant plus ſoumis, de ſujet plus fidele.

Si mon ame a conçu l'idée d'un ſentiment différent à ceux que je développe ici, ſans doute il en exiſte quelque trace. Eh bien, découvrez-les, produiſez-les au jour : fouillez tous les bureaux, mettez en mouvement les eſpions privilégiés dont vous payez ſi cher l'activité clandeſtine : ſi en effet je ſuis coupable, la hardieſſe de ma dénégation donnera autant d'indignation contre moi, aux dépoſitaires des preuves de mes perfidies, que ma trahiſon primitive leur auroit inſpiré de mépris dès le commencement : ils s'empreſſeront de vous aider à confondre un impoſteur hypocrite, qui oſeroit ſe flatter d'abuſer de leur indulgence, & s'efforceroit de concilier l'apparence de la vertu avec les manœuvres du crime. Il n'y a ni *intérêt*, ni *secret d'Etat* qui puiſſe s'oppoſer à ces révélations qui vous feroient ſi précicuſes.

Mais que je ſuis loin de les craindre! Ma conduite, comme tous mes ouvrages, ſans exception, n'a ceſſé de porter l'empreinte d'un même ſentiment: c'eſt celui de l'enthouſiaſme patriotique; c'eſt celui d'une délicateſſe ſur cet article pouſſée juſqu'à l'excès. Voilà ſur quoi ma bouche, ma plume, mon cœur ont toujours invariablement été d'accord. Voilà ſur quoi il faut me démentir par des faits, ou reconnoître combien eſt odieuſe & criminelle la machination qui a pu rendre un inſtant mon innocence problématique.

Mais mes écritures privées ont-elles été auſſi intactes que mes actions publiques? N'ai-je pas commis quelque imprudence intérieure, quelque indiſcrétion ſecrete qui ait pu juſtifier l'animadverſion du Gouvernement? N'ai-je pas choqué quelque homme puiſſant, au rang de qui l'on ait cru devoir une réparation? Voilà la derniere reſſource de mes perſécuteurs; & c'eſt auſſi le dernier trait de la fatalité qui me deſtinoit à être un modele d'oppreſſion paſſive dans tous les genres.

N'eſt-il pas étrange, après ce que j'ai ſouffert de la rage des corps, de la prévarication des hommes en place, que je ſois obligé de me juſtifier ſur un pareil ſujet; de rendre compte de tous les ſoupirs que l'indignation a pu m'arracher, de toutes les convulſions que la douleur a pu me cauſer? Mais il faut bien me prêter à cette énumération, d'abord parce qu'elle eſt néceſſaire, & enſuite parce qu'elle achévera de dévoiler toute l'horreur, toute la lâcheté des manœuvres dont j'ai été la victime.

Le feul grief de l'efpece dont il s'agit, qui m'ait été communiqué, celui qu'on m'a préfenté comme l'unique caufe de ma détention, c'eſt une lettre à M. le Maréchal de *Duras* : je ne prétens pas la juſtifier, & la difcuffion en feroit fort inutile ; mais c'étoit une lettre particuliere, & qui ne concernoit en lui que le particulier ; une lettre provoquée, néceffitée même, par des procédés plus repréhenfibles qu'elle n'étoit violente ; une lettre fecrete, que je n'ai jamais montrée ; une lettre que je n'ai pas nié d'avoir écrite, parce que je ne fais pas mentir, mais que M. le Maréchal de *Duras*, au moins dans le public, a toujours nié d'avoir reçue ; une lettre dont il a toujours affirmé ne s'être pas plaint, dont en effet il s'eſt fi peu plaint qu'on n'a pas pu m'en repréfenter l'original, malgré mes réquifitions, & qui par conféquent dans tous les cas, ne pouvoit devenir le fondement ni d'une procédure, ni d'une punition quelconque ; une lettre enfin fur laquelle ma réponfe, quand on m'a demandé fi je l'avois écrite, auroit dû faire rougir la haine, & défarmer la vengeance. (17)

Quelle qu'elle fût, il eſt évident que l'éclat feul auroit pu la rendre criminelle, & elle n'en avoit pas eu. Quelle qu'elle fût, quand même elle auroit été publiée avec autant de fcandale que ma détention en a produit, ce n'étoit pas *un crime d'Etat*. Quelle qu'elle fût, affurément elle n'auroit pas juſtifié vingt mois de *Baſtille*, & une continuité du traitement le plus atroce dont cette enceinte infernale ait jamais été le théatre.

On fera curieux, je le fens bien, de connoître cette piece, auffi fatale que myftérieufe; &, fi je n'étois fenfible qu'au défir de la vengeance, je la publierois. Mais je refpecte encore ici même les intentions du Roi: dès que ma lettre a pu lui déplaire, je l'abandonne : j'en fais le facrifice au jugement qu'il en a porté, fans attacher d'autre prix à ce dernier hommage que la fatisfaction de l'avoir rendu. (18)

Mais il en exifte une autre dans les bureaux miniftériels de *France*, qui a peut-être plus contribué encore que la précédente à mon infortune : celle-là on s'eft bien gardé de la remettre fous les yeux du Roi; & en effet elle m'auroit garanti de tout, fi elle avoit pu y paroître. On ne me l'a jamais rappellée : mais, comme je ne doute pas qu'elle n'ait influé beaucoup plus que l'autre fur la réfolution du Miniftère; comme il eft évident qu'en fe fervant de la premiere pour aigrir l'efprit du Roi, on a eu la difcrétion de lui cacher la feconde, qui n'avoit pu aigrir & allarmer que fes Miniftres, je crois qu'il eft de mon devoir de la configner ici.

Elle eft du lendemain de celle à M. le Maréchal de *Duras* : elle étoit adreffée à M. *Le Noir*, Lieutenant de Police, par les mains de qui paffoient les *Annales* pour fe rendre dans celles du diftributeur.

Il faut fe rappeller qu'en Mars 1780, les Nos. LIX & LX avoient été arrêtés fucceffivement, à la follicitation de M. le Maréchal de *Duras*, & du *Parlement de Paris*. J'avois enduré patiemment

la premiere fuppreffion : à la feconde j'écrivois le
7 Avril 1780, à M. le Maréchal de *Duras* la lettre qu'il ne montre pas, ni moi non plus : & le
lendemain, à M. *Le Noir*, celle que voici.

„ *Bruxelles*, 8 *Avril* 1780.

„ M O N S I E U R ,

„ Après avoir donné ma lettre de hier à une
„ indignation trop légitime, je vais faire encore
„ quelques efforts au nom de la juftice & de la
„ raifon, quoique j'aie appris à mes dépens com-
„ bien elles ont peu de pouvoir en *France* contre
„ les manœuvres & le crédit. Voici un court mé-
„ moire, que je vous prie de remettre fous les
„ yeux des Miniftres : on ne manquera pas de
„ dire encore, que *c'eft ma mauvaife tête* ; mais
„ il me femble que ce font mes bonnes raifons.

„ Je ne puis concevoir que M. le Maréchal de
„ *Duras* veuille encore de l'éclat. J'avoue qu'on
„ ne peut rien ajouter à ce que M. le Comte *Def-*
„ *grée* lui a dit : mais c'eft quelque chofe que de
„ le répéter, & de faire obferver au public que
„ M. *Le Maréchal* n'en a pas obtenu fatisfaction.
„ Il me femble qu'à fa place c'eft fur-tout le bruit
„ qu'il faudroit éviter : il va en faire plus qu'il
„ n'en a fait dans fa vie.

„ Quoiqu'il en foit, je ne puis que vous ré-
„ péter ce que j'ai déja eu l'honneur de vous dire
„ plufieurs fois, fur ma répugnance à retomber
„ dans toutes les tracafferies paffées, fur le defir
„ ardent que j'ai de n'y être plus expofé, mais
„ en même tems fur le courage avec lequel je les
foutiendrai

,, foutiendrai. Il m’en coutera ma fortune ; mais
,, je fuis accoutumé aux facrifices.

,, On a arrêté à *Paris* le débit des Numeros
,, LIX & LX des *Annales* : ils font publiés, dif-
,, tribués en *Angleterre*, en *Hollande*, en *Alle-*
,, *magne*, dans les *Pays-Bas* : ils le font en *France*
,, même par les *contrefacteurs*. Arrêter à *Paris*
,, feulement l’édition légitime, tandis qu’on to-
,, lere, qu’on favorife toutes les autres, c’eft
,, commettre une injuftice révoltante, & encore
,, plus inutile : on n’empêchera pas les Numeros
,, prohibés d’entrer à *Paris*; on les y rendra feu-
,, lement plus remarqués, plus courus, plus pré-
,, cieux : la fenfation en fera plus vive, & plus
,, prolongée. Je ne vois pas ce qu’il y a à gagner
,, pour les intéreffés.

,, Ces Numéros n’ont rien de répréhenfible à
,, beaucoup près. Le LIX pouvoit être infiniment
,, plus fort. Je ne fuppofe pas que les intérêts du
,, très-ridicule neveu de M. de *Leyrit* (.9) entre
,, pour rien dans cette fuppreffion. Il ne s’agit
,, donc que d’épargner à M. le Maréchal de *Duras*
,, le défagrément d’une réflexion fâcheufe fur
,, fon affaire : mais n’eft-elle que dans ce Nume-
,, ro, ou plutôt n’y eft-elle pas adoucie, du
,, moins à l’avantage du Commandant?

,, Quand deux hommes faits par leur nom &
,, leur état pour donner l’exemple de la probité
,, dans les actions, & de la délicateffe dans les
,, paroles, s’accufent réciproquement à la face de
,, l’*Europe*, de fripponnerie, de larcins de toute
,, efpece, en articulant les mots; qu’ils s’adreffent
,, à un tribunal réglé pour obtenir réparation,
,, juftice, & que ce tribunal laiffe la chofe in-

,, décife , il commet au moins une prévarication ,
,, & peut-être deux. S'il y a un coupable , c'eſt
,, un ſcandale qu'il ne ſoit pas puni ; s'il n'y en
,, a pas, c'en eſt un bien plus fort que l'arrêt éten-
,, de les ſoupçons au lieu de les détruire , & flé-
,, triſſe deux innocens au lieu de les abſoudre.
,, Voilà tout ce que j'ai dit : c'eſt ſur les Juges
,, que tombe ma remarque. Le Public n'eſt pas
,, ſi indulgent : c'eſt l'Ecrivain de *Caſtellan* qu'il
,, déſigne comme le vrai coupable , & la ſuppreſ-
,, ſion mandiée du Numéro LIX. ne le réhabili-
,, tera pas.
,, Quant au Numéro LX , ce ſont des faits. Les
,, vexations des *Parlemens* ; leurs tyrannies in-
,, térieures ; le ſupport que tous les membres
,, croient ſe devoir , & ſe donnent en effet les
,, uns aux autres dans les occaſions où ils de-
,, vroient le moins ſe permettre de confondre leur
,, caractere légal avec leurs intérêts particuliers ;
,, la corruption des *Secretaires* , leurs manèges ,
,, leurs infidélités, leur habitude de ſe faire payer
,, par les deux parties , &c. ſont des choſes conſ-
,, tantes. Puiſque l'autorité ne veut ni punir ni
,, réprimer ces abus , il faut au moins que la cer-
,, titude de ne pouvoir les dérober à la cenſure
,, publique y mette une eſpece de frein : c'eſt l'in-
,, térêt du Gouvernement : c'eſt celui même des
,, Compagnies que tant d'excès aviliſſent.
,, *Tant que j'ai écrit d'*ANGLETERRE, *je n'ai*
,, *éprouvé aucune tracaſſerie ;* (20) & j'ai écrit
,, des choſes bien plus fortes. C'eſt cependant ſur
,, le plan conçu , rédigé , exécuté en *Angleterre* ,
,, & bien connu en France, que les conventions
,, ont été formées entre le Public de *France* , les

„ Poſtes de *France*, & moi. C'eſt d'après ce plan
„ que les ſouſcriptions ont été ouvertes & reçues;
„ que la diſtribution de l'ouvrage a été autoriſée;
„ que le Roi a accepté les exemplaires que je lui
„ ai adreſſés directement: on n'a pas mis pour
„ condition, que je reſpecterois les lâchetés des
„ *Maréchaux de France*, ſi quelqu'un d'eux en
„ commettoit, ou les prévarications des Tribu-
„ naux. On n'en a mis aucune; je n'en aurois
„ pas accepté.

„ Je n'ai jamais entendu me ſoumettre à au-
„ cune eſpece de Cenſure: au contraire, j'ai pro-
„ teſté hautement, j'ai imprimé pluſieurs fois,
„ que je n'aurois point d'autre Cenſeur que ma
„ propre délicateſſe. Je n'ai pas dit un mot qu'elle
„ puiſſe déſavouer. D'où viennent donc les en-
„ traves auxquelles on prétend me ſoumettre?

„ En repaſſant la mer j'ai changé de lieu, mais
„ non pas de cœur; j'ai fait ſans regret le ſacri-
„ fice de ma fortune; je ne ferai pas celui de mon
„ indépendance, ni des prérogatives auxquelles
„ un accord ſolemnel m'a donné droit. On peut
„ me punir de mon amour pour la *France*, de
„ ma confiance au Miniſtère de *France*, de mon
„ dévouement en tout ſens pour ma patrie; on
„ peut me déterminer, à force de dégoût, à ceſ-
„ ſer d'écrire, on ne me réduira jamais à écrire
„ en eſclave. De toutes les indemnités que le
„ Gouvernement de *France* me doit, la fran-
„ chiſe de ma plume eſt, ce me ſemble, la moins
„ coûteuſe, & j'oſe le dire, la plus utile pour
„ lui".

Voilà, je n'en doute pas, & je n'en ai jamais
douté, quoique je n'en aie jamais parlé, la véri-

table cause de mes infortunes ; voilà ce qui a dé-
cidé le Ministère de *France* à saisir l'occasion de se
venger : il n'avoit pas pu refuser à la hauteur, à la
netteté de ma conduite, lors de ma sortie d'*Angleterre*, la parole solemnelle dont j'ai parlé ; il
n'avoit pas pu trouver depuis même de prétexte
pour la violer.

D'ailleurs je dois à la mémoire de M. le Comte
de *Maurepas* cette justice : il n'étoit ni vindica-
tif, ni implacable : occupé uniquement de perpétuer son repos & son crédit, il ne cherchoit point
d'autre jouissance. Ce que les Annales avoient
de gai, il s'en amusoit : le sérieux, il ne s'en in-
quiétoit guere. Peut-être même trouvoit-il plaisant
que ce fut lui qui eut l'air de me protéger.

Ses agens dans l'administration ne pensoient
pas de même : les uns se souvenoient encore de la
lettre à M. le Comte de *Vergennes*, & des por-
traits qu'elle contient : les autres redoutoient la
franchise peu politique des *Annales*. Les filoux,
a dit un homme sensé, *craignent les reverberes* :
le succès de cet ouvrage, les suffrages les plus
respectables réunis en sa faveur, l'empressement
de tout ce qui ne le redoutoit pas, c'est-à-dire
de tous les hommes vertueux & impartiaux,
avoient enchaîné la mauvaise volonté.

Mais, quand on eut pour arracher le consen-
tement du vieillard, la lettre du 8 Avril, que
l'on ne montroit qu'à lui, & qu'il fut aisé de lui
faire prendre pour des menaces ; quand on eut
pour prévenir l'esprit du jeune roi, l'autre lettre
du 7, qu'on ne montroit aussi qu'à lui, avec
ce qu'on y a joint sans doute, & qui ne se disoit
également qu'à lui, il a été facile de fabriquer

l'ordre qu'on avoit défefpéré peut-être jufques-là de fe procurer. On ne pourra pas douter que les chofes ne fe foyent ainfi paffées, fi l'on fonge que la lettre à M. *Le Noir* eft du VIII AVRIL 1780, & la *Lettre-de-cachet* du XVI du même mois.

Mais cette même date amene une bien autre conféquence : la feule idée en fait encore tref-faillir ma main ; & c'eft avec autant d'horreur que de faififfement que je vais la développer.

Le 16 Avril 1780, je n'étois pas en *France* ; j'étois le maitre de n'y jamais rentrer : fi mon aveugle fanatifme pour ma Patrie ; fi ma confiance, plus folle encore qu'aveugle, dans une promeffe de Miniftres *François*, jointe à mille trahifons, comme on le verra plus bas, ne m'a-voit fait négliger des avis trop fûrs, je n'y ferois jamais rentré. La *Lettre-de-cachet* n'auroit donc jamais eu d'exécution. On forgeoit donc cette foudre au hazard, & fans favoir fi jamais elle produiroit fon effet. Le Miniftère de *France* a donc de ces referves meurtrieres ; il a des ma-gafins où il dépofe ces inftrumens de fa ven-geance : & il attend paifiblement, comme un chaffeur à l'affût, que la proie vienne s'offrir d'elle-même au coup qu'il veut lui porter.

Il y a plus : il imite le manège de ce chaffeur dans fes préliminaires, comme dans fon objet. Vingt perfidies, plus lâches les unes que les au-tres ont été multipliées fucceffivement pour me déguifer le piége que l'on venoit de placer fur ma route. Le feul cours rendu à la publicité des *Annales*, immédiatement après le 16 Avril, n'en eft-il pas une de la plus criminelle efpece.

C 3

Quoi! l'on continuoit à répandre dans le public, sous la garantie de l'autorité royale, un ouvrage dont l'auteur étoit proscrit secretement, & dévoué par les Ministres à l'opprobre, aux rigueurs réservées pour les ennemis du Roi & de l'Etat! On continuoit à le recevoir pour le remettre au Roi; on le lui remettoit; on feignoit d'applaudir aux marques de satisfaction dont il continuoit de l'honorer: on avoit soin de m'en informer!

Le même organe par lequel transpiroient jusqu'à moi les nouvelles d'une approbation si flatteuse, étoit employé à m'attirer à *Paris*. L'espion masqué en ami, que la police pensionnoit, à mes dépens, depuis cinq ans, pour pénétrer dans mes secrets, instruit que je n'ignorois pas celui-là, ne cessoit de combattre l'effroi qu'il m'avoit inspiré, par cette considération, qu'on n'auroit pas rendu la liberté aux *Annales*, si on avoit voulu l'enlever à l'auteur; & que je pouvois sans crainte venir en *France*, puisque mes ouvrages étoient si bien accueillis à *Versailles*. On faisoit ainsi servir un nom sacré à faciliter le succès d'une iniquité, dont ce même nom devoit être l'instrument!

Elle n'a eu lieu qu'au bout de six mois; mais au bout de six ans, de vingt, la *Lettre-de-cachet* qui l'ordonnoit auroit eu la même efficacité. J'étois donc pour le reste de ma vie dévoué à subir, dans quelque tems que ce fût, l'atteinte de ce poignard; & dans la derniere vieillesse, lorsque rassasié de calamités, épuisé de travaux, je serois venu demander à ma Patrie, pour prix de tant d'efforts, de sacrifices, la permission d'y mourir en paix, je n'aurois trouvé de porte pour y rentrer que la *Baſtille*, ni d'autre tombeau que ſes cachots !

D'après ces réflexions, quel nom donner, grand Dieu, à la *Lettre - de - cachet* du 16 Avril 1780 ! Comment qualifier cet empreſſement à la fabriquer, & cette patience à attendre le moment d'en faire uſage !

Maintenant qu'on ſonge qu'une détention, ainſi motivée, ainſi préparée, ainſi conſommée, a duré près de *deux ans*; qu'elle a porté à mes affaires & à ma ſanté un préjudice preſque également irréparable ; que ſi ma ruine abſolue au civil, & mon anéantiſſement entier au phyſique n'en ont pas été le fruit, j'en ſuis redevable à une faveur particuliere de la Providence, qui me prédeſtinant apparemment au miniſtère que je remplis en ce moment, c'eſt-à-dire, à publier les horreurs de la *Baſtille*, m'a doué d'une organiſation expreſſe pour les ſupporter.

Si c'étoit à M. le M^al. de *Duras* qu'on eut cru devoir une ſatisfaction auſſi complette, on ne pourroit s'empêcher de répéter ce qu'a dit à cette occaſion un des plus illuſtres ſouverains de l'*Europe* : " *Ce Monſieur de Duras eſt donc un bien grand Seigneur !* "

Les exemples ne ſont rien en ce genre : dans une matiere où tout eſt caprice & deſpotiſme, les autorités, les comparaiſons ſont bien inutiles : je ne puis cependant m'empêcher d'en faire une.

Dans le nombre innombrable des *Embaſtille-mens* qui ont eu pour objet une ſatisfaction dûe à des perſonnes puiſſantes, on peut compter celui de *La Beaumelle*. Cet écrivain plus qu'indiscret avoit ofé dans fes mémoires de Madame de *Maintenon* inférer cette phrafe : *La Cour de Vienne accufée depuis long - tems d'avoir toujours à fes gages des empoifonneurs*...... Certainement l'offenfe étoit grave & publique : le châtiment pouvoit fans injuftice être févère , & la réparation éclatante.

Cependant *cinq mois de Baftille* parurent fuffi-fans. *La Baumelle* trouva même une protection efficace dans la générofité de la Cour qu'il avoit infultée. C'eft à fa follicitation qu'il devint libre , & point *Exilé*.

Tout homme de guerre qu'eft M. le M^al. de *Duras* ; tout homme de lettres qu'eft M. le M^al. de *Duras* ; tout homme d'efprit qu'eft M. le M^al. de *Duras* ; malgré tous ces titres , il n'eft pas probable qu'il ait paru au Miniftère *François* , lui tout feul , un perfonnage plus important que la Maifon d'*Autriche* entiere ; quelles que violentes qu'on veuille fuppofer mes fix lignes ignorées, à M. le M^al. de *Duras* , on ne peut pas imaginer de les comparer à l'inculpation publique , & auffi atroce que fauffe, du roman dont il s'agit.

Si donc M. le M^al. de *Duras* a bien voulu fervir de prête-nom à la *Lettre-de-cachet* contre moi, quand on l'a enfanté , il eft évident que ce n'eft pas à lui que je dois en imputer la durée; il n'auroit pas demandé, on ne lui auroit pas offert, un fi long facrifice. (21) Il n'a pas tenu à cette indifcrétion, ou plutôt à cette malignité , qui me cherchoient par - tout des torts , & au Miniftère *François* des excufes, qu’on ne le crut exigé par une divinité terreftre un peu plus impofante. Elles ne fe font pas bornées à compromettre à mon occafion le nom d’un feul Souverain. Après avoir donné mes prétendues relations avec l’un comme le motif de l’iniquité du 27 Septembre 1780, on a voulu en rendre un autre directement complice. On a publié qu’elle avoit été accordée aux inftances de fa Majefté *Pruffienne*. Le bruit s’eft répandu, & il fubfifte encore, que ce Monarque piqué de l’Epître à M. d’*Alembert*, (*) & des détails que j’ai cru devoir publier à l’occafion de la célebre affaire du *Meunier*, (**) & plus encore aiguillonnés par les inftances des petits *Platons* de *Paris*, avoit follicité à *Verfailles* ma détention; que le Miniftère de *France* n’avoit pu refufer cette condefcendance à un philofophe auffi important, & que les portes de ma geole n’avoient pas pu s’ouvrir fans l’aveu de celui par l’ordre de qui elles s’étoient fermées.

Mais quelle apparence qu’un Légiflateur auffi équitable, auffi bienfaifant chez lui, fe fût abaiffé jufqu’à folliciter une injuftice, une oppreffion pour fon compte chez autrui ? Quelle apparence qu’ayant fait tout récemment à l’Auteur des *Annales* l’honneur d’en adopter même les expreffions dans une de fes loix, (†) il fe fût permis un caprice de cette efpece contre ce même écrivain qui ne l’avoit jamais offenfé ?

(*) Voyez le Tome IX. des *Annales politiques*, &c. page 79.

(**) Ibid. pag. 4 & fuivantes.

(†) Voyez le Tome VII. des *Annales politiques*, &c. page 434.

Quelle apparence d'ailleurs que *Verfailles* eût cru devoir un hommage auffi cruel à *Potzdam*, qu'on eût ofé faire au Roi de *France* la propofition de fe rendre l'exécuteur des vengeances du Roi de *Pruffe ?*

Dans les délits publics, qui tendent à flétrir l'honneur d'une Couronne, tel que celui de *La Beaumelle* dont je viens de parler, les Princes peuvent fans doute fe rendre les uns aux autres le fervice de les réprimer, quoiqu'ils n'y foient pas perfonnellement intéreffés; mais dans tout le refte ils portent entr'eux la jaloufie du pouvoir au point de protéger, & quelquefois au préjudice de l'ordre commun, même les coupables : comment les foupçonner de fe concilier pour la profcription d'un innocent ?

Enfin ce qui acheve de juftifier le Roi de *Pruffe*, & de démontrer que je n'ai pas été le *Callifthène* de l'*Alexandre* du *Nord*, c'eft la date de la *Lettre-de-cachet* dont il s'agit. Le 16 Avril 1780 eft de beaucoup antérieur aux prétendus torts avec lefquels on auroit voulu la lier. Il eft donc clair que ce Prince n'a point fouillé fa carriere philofophique, en pourfuivant avec un pareil acharnement un écrivain qui, à la vérité, n'a point recherché fes faveurs, mais à qui certainement il n'a pas pu refufer fon eftime.

Le détail des traitemens que j'ai effuyés, la longueur même de ma détention, font encore autant de preuves qu'il n'y a eu aucune part. S'il en avoit été le véritable auteur, la perte de la liberté ne lui auroit-elle pas paru une réparation fuffifante ? Auroit-il exigé des Miniftres de

Verfailles ces rafinemens de vengeance dont je parlerai tout - à - l'heure ; ou ceux-ci l'auroient-ils méconnu , outragé , au point de croire s'en faire un mérite auprès de lui ? Loin de fe prêter à prolonger ma détreffe , fa générofité ne l'auroit-elle pas preffé de fuivre l'exemple de la Cour de *Vienne* envers *La Beaumelle* ? Infiniment moins fondé à fe plaindre , auroit - il été plus implacable ? Auroit-il preferit à la *Baftille* envers un *François* des rigueurs , qu'un de fes fujets vraiment criminel , n'auroit pas eu à craindre à *Spandow !*

Il eft bien étonnant que le nom de deux auffi grands Princes fe trouve ainfi mêlé dans les infortunes d'un fimple particulier , de celui peut-être de tous les hommes qui ont cultivé la littérature , à qui la fimplicité perfonnelle , fon éloignement pour toute efpece d'éclat , fon horreur pour toute efpece d'intrigues , fon indifférence pour la fortune , & tous les objets de l'ambition , auroit peut-être dû le plus épargner les dangers attachés à l'honneur d'être connu des Souverains : mais enfin il eft au moins auffi évident que ni l'un ni l'autre de ceux dont je parle ici n'a pu y contribuer. Ma détention n'a pas plus eu pour caufe dans fon principe , ou dans fa durée , de prétendues réquifitions parties de *Berlin* , que de prétendus renfeignemens envoyés à *Vienne.*

Mais quel a donc été l'objet , le motif de cette durée? Pour celui - là on ne me l'a pas caché : c'eft la feule confidence que l'on m'ait jamais faite à la *Baftille :* c'eft la feule réponfe dont on ait jamais honoré mes fupplications.

Au bout de quinze jours on m'a dit franche-
ment, qu'il ne s'agiſſoit plus de M. de *Duras* :
„ Eh de quoi s'agit-il donc? Oh! ILS craignent
„ que vous ne cherchiez à vous venger : on
„ vous ouvriroit les portes tout-à l'heure, S'ILS
„ étoient ſûrs que vous n'éclataſſiez pas contre
„ eux : " car en me parlant des Dieux de ce
Tartare , c'eſt-à-dire des Miniſtres , on ne ſe
ſervoit jamais avec moi que de ce mot collectif
ILS. Voilà ce qu'on n'a ceſſé de me dire pendant *vingt mois* , & ce que le Public ſavoit bien
ſans que je le lui appriſſe.

Qu'on ſe mette à ma place, & qu'on apprécie
de quelle terreur , de quelle accablante indignation ces lâches aveux devoient remplir mon ame.
C'étoit donc un éclat futur & incertain qui dé-
terminoit ma ſervitude préſente ! Après m'avoir
immolé à une vengeance injuſte , on en éterni-
ſoit les effets uniquement pour la tranquillité
de mes oppreſſeurs ? Suivant leur rituel politique , je devois être captif tant que je ſerois à
craindre , c'eſt-à-dire, tant que mon ame ne ſeroit pas avilie , ou mes organes dérangés , ou
au moins mes foibles talens détruits par les glaces
de l'âge, & les convulſions du déſeſpoir.

Quelle inconcevable deſtinée ! Quand il s'étoit
agi de m'enlever mon état, pour complaire à
une troupe d'affaſſins en robe , un *Avocat-*
Général leur complice n'avoit pas eu honte
de dire en plein tribunal, en pleine audience ,
qu'on ne pouvoit pas me le laiſſer, à cauſe des
troubles que *je ne manquerois pas d'exciter* UN
JOUR (*), dans je ne ſais quel ordre ; &

(*) Voyez l'*Appel à la poſtérité* , page 35.

ici, où il s'agiffoit de ma perfonne, on la dévouoit froidement à un efclavage fans terme, en confidération du reffentiment *que je ne manquerois pas d'avoir* UN JOUR !

Ainfi toujours paifible dans le fait, & redoutable en idée ; toujours irrépréhenfible au préfent, & coupable au futur, c'eft de l'avenir qu'on me punit ! Mes ennemis n'ont jamais pu excufer leurs iniquités que par une prefcience plus inique encore ! Ils ont toujours donné pour motif de leurs injuftices actuelles mon reffentiment *infaillible* contre les injuftices paffées ! Jamais on n'a voulu effayer fi ce n'étoient pas ces prophéties dictées par une timidité ftupide, ou une haine adroite, qui manquoient de fondement !

Sans doute c'en étoit bien ici l'occafion : l'ame pure & fenfible du Roi s'étoit émue au fouvenir de ma détreffe. Quand l'intrigue s'agitoit pour éblouir fa droiture, & la calomnie pour l'égarer ; elle avoit veillé, parlé pour moi : il avoit fenti que la punition des fautes, quelles qu'elles fuffent, dont il me croyoit alors coupable, ne devoit pas être éternelle. Un preffentiment fecret de mon innocence, lui avoit peut - être, même avant ceci, déja rendu fufpect l'acharnement de fes Confeillers : malgré leurs efforts il a prononcé le *Surge & ambula* tout - puiffant, qui a mis fin à mes infortunes.

N'étoit - ce pas-là le moment, fi la raifon du moins, au défaut de la juftice ; fi une politique éclairée avoient pu quelque chofe fur l'efprit des Miniftres, d'effayer ce que pourroit l'indulgence fur le mien, fur cette ame indomptable, dont ils prétendoient avoir été forcé de punir les écarts avec tant d'éclat ? Je n'ai ceffé de le répéter, dans les mille & un mémoires que j'ai foupirés du fond de la *Baftille:* je ne connoiffois encore ma Patrie que par fes rigueurs ; & je l'avois adorée : quelle auroit été mon idolâtrie, à l'inftant où abjurant une prévention injufte, & des caprices cruels, on lui auroit permis de me tendre les bras ; où à ce fentiment que fes duretés n'avoient pas altéré, j'aurois pu joindre celui de la reconnoiffance pour un premier bienfait (*) ;

(*) Ce mot comporte un éclairciffement que je ne puis renvoyer aux Notes : il eft trop important pour moi qu'on ne le perde pas de vue.

Parmi les abfurdités, & les menfonges fans nombre dont mon infortune, comme c'eft l'ufage, m'a rendu l'objet, on en a gliffé une qu'il ne m'eft pas permis de méprifer : on a dit, on a écrit, on a imprimé que le Miniftère de *France* avoit fur moi des droits d'autant plus forts, que j'en recevois *une penfion de deux mille écus.*

Je fuis obligé de déclarer, qu'il n'y a jamais eu d'impofture plus impudente. Il eft inconcevable qu'on l'ait hazardée, poftérieurement au 27 Septembre 1780, après ce que j'avois dit en Août précédent, N°. LXIX. des *Annales*, page 296.

„ Il n'y en a qu'un feul (des Rois de l'*Europe*) en-
„ vers qui le refpect, l'attachement, la fidélité, foient
„ pour moi des devoirs ; un feul de qui J'EUSSE PU
„ accepter les bienfaits fans rougir, & fans fcrupule.
„ Or, celui-là je ne lui ai jamais demandé, je ne lui
„ demanderai jamais que juftice ".

Il ne s'agit pas ici de la réponfe que l'on a faite à cette demande : mais il eft clair que l'homme qui tenoit ce langage publiquement, dans un ouvrage imprimé, n'étoit pas *penfionné.*

Les feules marques d'attention que j'ai reçues dans ma vie, du Miniftère de *France*, font trois *Lettres-*

où rentré dans tous les droits du reste de la famille, j'aurois pu me dire à moi-même : des

---

de-cachet ; l'une de *Baſtille*, & deux d'*Exil*, dont la première étoit la punition d'avoir défendu, comme *Avocat*, M. de *Belle - garde*, condamné ſolemnellement d'abord comme coupable, & ſolemnellement reconnu innocent, trois ans après.

Les autres affaires que j'ai traitées, ſoit comme Juriſconſulte, ſoit ſimplement comme Homme de Lettres, ne m'ont pas toutes valu des diſtinctions auſſi flatteuſes : mais il n'y en a pas une dont l'ingratitude des cliens que je ſauvois, les prévarications des tribunaux que je forçois d'être juſtes, la ſtupidité, ou la corruption des hommes en place que je démaſquois, n'ait empoiſonné pour moi le ſuccès. Il n'y a point d'amour-propre à dire que le Barreau & la Littérature n'ont point produit d'homme dont la vie ait été ſemée d'anecdotes plus incroyables en ce genre depuis la Défenſe de M. le Duc d'*Aiguillon*, juſqu'à mes Réflexions ſur celle de M. de *Lally*.

J'oſerai dire plus, quand on devroit m'accuſer d'amour-propre, & réveiller les anciens cris d'*égoïſme* : il n'y a pas eu d'écrivain dont le zèle ait été plus pur, l'ame plus inacceſſible au manège, en tout genre, comme aux conſidérations perſonnelles, les foibles talens plus excluſivement dévoués à la défenſe de la juſtice, à la manifeſtation de la vérité : & il y paroît bien, aux fruits que j'en ai tirés.

Puiſque j'ai parlé ici de l'exil occaſionné par la défenſe de M. de *Belle-garde*, je dois rendre hommage à la générofité de M. le Maréchal de *Biron*, en cette occaſion. Il étoit Chef du Conſeil de Guerre que la *Lettre - de - cachet* ſembloit venger. Il ſe donna les plus grands mouvemens pour en précipiter la révocation. A mon retour l'accueil le plus honnête, le plus flatteur, fut l'appareil qu'il mit à ma bleſſure.

Des Chevaliers *François* tel eſt le caractère :

Mais ce n'eſt pas apparemment celui des Chevaliers *Littérateurs*, ni des Maréchaux *Académiciens*.

préjugés fâcheux m'ont nui : eh bien, travail-
lons à les détruire : on m'a reproché de la violence, de la fougue : pouffons la douleur, & la
patience jufqu'à l'excès : tâchons de diffiper les
craintes, de défarmer la haine, d'ôter tout prétexte à l'inquiétude.

En fortant du fépulcre, ces difpofitions,
mon premier mouvement a été de les confirmer :
Lazare nouveau, débarraffé du fuaire funebre
qui avoit pendant vingt mois intercepté tous
les mouvemens de ma bouche & de mon cœur,
c'eft la fenfibilité, c'eft l'amour de la paix, c'eft
la *Reconnoiffance* que j'ai annoncé : pendant
cinq femaines entieres, je n'ai ceffé de tendre
vers ces defpotes pufillanimes autant qu'implacables, des mains encore meurtries des fers dont
ils les avoient fi long-tems chargées. Je ne leur
demandois que la grace de m'éprouver, & je
n'ai pu l'obtenir ! ils n'ont ofé croire que mes
paroles fuffent fincères ! Indignes d'apprécier
mon cœur, ils ont cru leurs *Lettres - de - cachet*
un frein plus fûr que ma délicateffe : & quand
la jouiffance d'une liberté déformais inaltérable,
me confole à peine du prix qu'elle me coûte,
ils s'applaudiffent peut - être de la fagacité qui
leur faifoit deviner l'ufage *Infaillible* que j'en
ferois.

Ecartons ces retours & ces regrets qui n'ont
plus d'application, n'ayant pu être admis à convaincre les Miniftres de *France* de ma réfignation, profitons au moins de la faculté qu'ils m'ont
forcé de me donner de démafquer aux yeux du
Public leurs injuftices, de révéler leurs barbaries.
Les unes font déjà bien conftantes : entrons enfin
dans

dans le détail des autres : & fi, à la lecture de ces mémoires, quelques lecteurs font tentés de dire que jamais oppreſſion n'a été reprochée avec tant d'énergie, forçons-les de convenir également qu'il n'y en a jamais eu d'auſſi cruelle.

§. I I I.
Du Régime de la BASTILLE.

JE ne touche point ici pour le préſent à une queſtion délicate, dont la diſcuſſion feroit plus pénible que la ſolution n'en pourroit être utile. Je ne cherche point ſi les *Priſons d'Etat* ſont néceſſaires à un gouvernement; s'il faut à toutes les adminiſtrations de ces dépôts ſouſtraits à l'inſpection des *Loix*; ſi ce reſſort violent, & toujours dangereux, peut-être regardé comme indiſpenſable dans des machines qui, pour ſe conſerver, ont quelquefois beſoin d'eſſuyer des ſecouſſes extraordinaires; ſi enfin ce qu'on déſigne en *France* par le nom bizarre de *Lettre-de-cachet*, eſt une maladie particuliere & propre à ce royaume, comme la *Peſte* à l'*Egypte*, la *Petite Vérole* à l'*Arabie*, les inondations de cendres brulantes au voiſinage des *Volcans*, &c. ce problème eſt à-peu-près réſolu par les faits; ſi cette réſolution n'eſt pas celle qu'admettroit une philoſophie humaine, elle n'en eſt pas moins adoptée par une politique univerſelle.

On ne voit point de nation chez laquelle l'autorité n'ait uſé de cette reſſource, ou de quelque équivalent. *Rome* dans le temps de ſa plus pure liberté avoit des *Dictateurs*. Les ordres de ce ma-

giſtrat ſuprème valoient bien des *Le'tres de cachet*, puiſqu'il diſpoſoit ſans appel, & ſans rendre
de compte, non-ſeulement de la liberté, mais de
la vie des citoyens.

A *Sparte* la *Raiſon d'Etat* pouſſoit le deſpotiſme encore plus loin, pour ainſi dire. Les Rois mêmes, c'eſt-à-dire les ch fs de la nation, y étoient
ſoumis ; les *Ephores* pouvoient les envoyer en
priſon ; c'étoit à la vérité le contraire d'une *Lettre-de-cachet* ; mais enfin c'en étoit une eſpece.

Je vois que dans le lieu de l'univers où l'Ad-
miniſtration eſt le plus ſurveillée, le plus reſtrain-
te, dans celui où l'on a le mieux réuſſi à garantir
les particuliers ſans pouvoir des abus arbitraires
du pouvoir, à *Londres* mème, il exiſte une *Tour*
deſtinée à renfermer les *Criminels d'Etat*. Le *Parlement*, ce gardien des libertés privées, autant
que des franchiſes publiques, non-ſeulement ne
marque pas d'effroi à l'aſpect d'une citadelle qui
ſemble menacer les unes & les autres ; mais il en
fait quelquefois uſage ; il ne croit par-là ni violer,
ni compromettre les privilèges du Peuple. (22)

A plus forte raiſon, une ſemblable inſtitution
pourroit-elle paroître excuſable en *France*, où les
caractères étant plus impétueux, les prétentions
des différens pouvoirs qui ne ceſſent de s'y choquer moins circonſcrites, & l'autorité royale ſans
bornes comme ſans étendue bien conſtatées, on
peut dans de certains momens s'imaginer avoir
beſoin d'un frein, ou d'un épouvantail qui défen-
de les prérogatives du trône, ſi ce ne ſont pas
celles de la nation. Mais encore une fois je n'entre point ici dans cet examen : ce n'eſt pas de la lé-
gitimité de la *Baſtille* que je m'occupe en ce mo-

ment; c'eſt de ſon régime. Or ce régime eſt horrible : il ne reſſemble à rien de ce qui s'eſt jamais
pratiqué, ou ſe pratique aujourd'hui dans le monde. (23)

Si dans les relations de ces voyages qu'une
effervescence paſſagere a tant multipliés ces dernieres années, nous liſions qu'aux Terres *Auſ-
trales*, dans quelques-unes des iſles que la
nature ſembloit y avoir cachées au reſte du
monde, il exiſte une nation légere, douce, fri-
vole même par eſſence, dont le gouvernement
n'eſt point ſanguinaire; où les affaires les plus
ſérieuſes prennent toujours une tournure plai-
ſante; & dans la capitale de laquelle cependant on conſerve avec ſoin un abyme, où tous
les citoyens ſans exception peuvent être à chaque inſtant précipités; où en effet on en précipite journellement quelques-uns, ſur des ordres
dont il n'eſt poſſible ni d'éviter le coup, ni d'eſpérer l'examen, ni ſouvent de pénétrer le motif
ou le prétexte.

Que l'infortuné ainſi évanoui ſe trouve alors
ſéparé du monde entier; plus éloigné de ſes parens,
de ſes amis, & ſur-tout de la juſtice, que s'il étoit
transféré dans une autre planète; que ſes réclamations ſont étouffées ſans reſſource, ou du moins
n'ont qu'un ſeul canal pour ſe produire au dehors,
& c'eſt préciſément celui qui eſt toujours intéreſſé
à les ſupprimer, en raiſon de ce que leur motif,
c'eſt-à-dire l'oppreſſion qui les néceſſite, eſt plus
grave & plus palpable :

Qu'il eſt abandonné, au moins très-long tems,
ſans *livres*, ſans *papier*, ſans communication
avec qui que ce ſoit, au tourment d'ignorer ce

qui se passe au dehors, ce que deviennent sa famille, sa fortune, son honneur, & de quoi on l'a accusé, & de quoi on l'accusera, & quel sort on lui réserve; tourment dont une solitude sans aucune espece de distraction rend à chaque minute les aiguillons plus vifs, & la sensation plus profonde :

Qu'il n'a d'autre caution de la sûreté de sa vie que la délicatesse de ses gardiens; gardiens qui, malgré le signe d'honneur attaché à leur vêtement, étant capables pour de l'argent de s'avilir jusqu'à se rendre sur un ordre arbitraire de lâches satellites, ne répugneroient pas sans doute à se charger d'un ministère plus lâche encore, & plus barbare, si on l'exigeoit d'eux au même titre; qu'ainsi il peut très-raisonnablement voir la mort dans chaque aliment qu'on lui sert; qu'à chaque fois qu'on ouvre sa porte, le cri lugubre des verroux qui la chargent peut lui paroître le précurseur d'un arrêt de mort, & le signal de l'arrivée des muets destinés à l'exécuter; sans que le sentiment de son innocence, ou l'équité du Prince, soient pour lui un motif de tranquilité, puisque la premiere surprise faite à celle-ci peut être suivie d'une seconde; puisqu'on a sur sa vie le même droit que sur sa liberté; puisque les mêmes mains qui se prêtent à l'assassiner moralement mille fois par jour en vertu d'une *Lettre-de-cachet*, ne se refuseroient pas sans doute à le tuer physiquement une fois, d'après la même autorisation; & que dans un lieu où tout est douleur & mystère, il n'y a pas d'attentats qui ne puissent être commis & cachés avec la même facilité :

Que s'il conserve sa santé, elle n'est qu'un sup-

plice de plus, parce que sa sensibilité est plus vive, & ses privations plus douloureuses ; si elle
succombe, comme il arrive presque toujours, le
régime de la maison qui ne change point le livre
sans secours, sans consolation, à l'idée horrible
qu'il ne peut échapper ; qu'il va laisser sa famille
malheureuse ; sa mémoire compromise ; que sa
cendre sera privée des derniers tributs payés par
la tendresse aux objets qu'elle a perdus ; que sa
fin sera peut-être ignorée ; que sa femme, ses
enfans abusés, feront encore des vœux & des
efforts pour sa délivrance, long-tems après que
le tombeau où il a été enseveli vivant, ne con-
servera plus que ses offemens décharnés.

Si un pareil tableau se trouvoit dans les voyages de *Cooke*, ou de l'Amiral *Anson*, quelle impression produiroit-il ? Ne prendrions-nous pas
le peintre pour un imposteur ? ou bien, en nous
applaudissant de vivre dans des contrées exemp-
tes d'une pareille servitude, ne concevrions-
nous pas un mépris mêlé d'horreur pour un gouvernement si barbare, & une nation si avilie ?

Hélas ! c'est celui de la *Bastille* ; & qu'il est
encore au-dessous de la vérité ! Qu'il est loin
de rendre ces tortures de l'ame, ces convulsions
prolongées, cette agonie perpétuelle qui éternise
les douleurs de la mort, sans jamais en amener
le repos ; enfin tout ce que les géoliers de la
Bastille peuvent faire souffrir, & ce que personne ne peut peindre !

Le premier article de leur code, c'est le mystère impénétrable qui enveloppe toutes leurs
opérations ; mystère qui s'étend jusqu'à laisser du
doute non-seulement sur la *résidence*, mais sur

la *vie* de l'homme difparu entre leurs mains, myftère qui ne fe borne pas à interdire fans exception tout accès auprès de lui aux nouvelles qui pourroient, ou le confoler, ou le diftraire, mais qui empêche également qu'on ne puiffe vérifier ni où il eft, ni même s'il eft encore.

L'homme qu'un officier de la *Baftille* voit & angarie tous les jours, il foutient fans rougir quand on lui en parle dans le monde, qu'il ne l'a jamais ni vu, ni connu. Quand mes vrais amis follicitoient auprès du Miniftre chargé du département de ces *Oubliettes* la permiffion de me voir, il répondoit comme un homme étonné, même qu'on pût me croire à la *Baftille*. Le Gouverneur a fouvent juré à plufieurs d'entr'eux, fur fon *honneur* & *foi de Gentilhomme*, que je n'y étois plus, que je n'y avois pas été huit jours; car le fcandale de ma détention, le foin que l'on avoit eu de l'opérer en plein jour, & en pleine rue, ne lui permettoit pas de foutenir, comme il l'auroit fait fans cela, que je n'y étois jamais entré.

Un laquais ment de même à la porte de fon maître, quand il en a reçu l'ordre : mais ce n'eft que pour écarter des vifites importunes : fes fauffetés ont un but utile, ou un effet agréable : il ne les appuie point par un air pénétré, ni par des fermens ; & cependant cet emploi l'avilit. Appréciez donc celui d'un Miniftre & d'un Gouverneur de la *Baftille*, qui ne trompent que pour tourmenter, & dont les menfonges ne produifent que des douleurs.

J'ofe le demander : quel eft l'objet de cette incertitude affectée où on laiffe un public entier, des amis, une famille, sur l'exiſtence phyſique de l'homme qu'on leur a ravi? Ce ne peut pas être de faciliter les moyens de le convaincre, & d'aſſurer ſon châtiment: car, 1°. cette clandeſtinité n'ajoute rien à ceux que l'on a d'ailleurs, ſoit pour inſtruire ſon procès, ſoit pour conſommer ſa punition, s'il y en a une de prononcée: 2°. mon exemple prouve que la *Baſtille* recèle ſouvent des hommes à qui non ſeulement on ne veut pas faire de procès, mais à qui l'on n'en peut pas faire; & ce ſont préciſément ceux-là ſur le ſort de qui l'on affecte d'épaiſſir le plus de nuage: dans quel deſſein, je le répéte?

Le régime de ce Château étant expreſſément inſtitué pour déchirer les ames, pour rendre *la vie dure*, comme me l'a dit naïvement une fois, un des queſtionnaires à *croix de St. Louis*, qui ne frémiſſent pas de ces fonctions; je conçois que l'inſolent abſolu, l'ignorance ſans exception où l'on tient un priſonnier de ce que l'on a fait, de ce que l'on fait, de ce que l'on fera, pour ou contre lui, eſt un moyen parfaitement convenable au but que l'on ſe propoſe; rien n'eſt mieux imaginé pour faire paſſer un homme par toutes les gradations du déſeſpoir, ſur-tout s'il a le malheur d'avoir une de ces ames fières & actives, que le ſentiment de l'iniuſtice révolte, pour qui l'occupation eſt un beſoin, & l'attente un ſupplice: mais pourquoi faut-il aſſocier à ſes tourmens ſes parens, ſes amis, que l'on feint de ne pas vouloir aſſocier à ſes infortunes?

Au moins quand il y a un procès établi, on connoît la nature de l'accuſation; on ſait juſqu'où elle doit s'étendre: on ſuit les progrès de la procédure, on ne perd point la victime de vue, jusqu'au sacrifice, ou jusqu'au triomphe. L'inquiétude a des bornes, & la douleur des consolations.

Mais ici, tandis que l'infortuné souftrait à tous les yeux, accuse ses amis, sa famille de l'oublier, ils tremblent qu'on ne leur fasse un crime de se souvenir de lui : sa captivité dépendant d'un caprice, ses fers pouvant ou tomber à chaque moment, ou se perpétuer sans fin, chaque jour est pour ceux qui espèrent de le revoir, comme pour lui, une période complette, où ils épuisent toutes les angoiffes de l'attente, & toutes les horreurs de la privation : le matin on pleure du souvenir de ce que l'on a déja souffert, & le soir par la certitude d'avoir encore à souffrir, sans qu'il soit poffible même d'entrevoir une fin à ses supplices ; ou si l'imagination essaie de s'en fixer une, ce n'est que pour se préparer de nouveaux déchiremens.

Dans les vues de l'inftituteur primitif du régime de la *Baftille*, cette effroyable politique avoit un objet : c'étoit de se défaire sans bruit & sans éclat des hommes pour l'affaffinat de qui le bourreau lui auroit refusé son miniftère : quand il avoit proscrit un innocent, car on ne proscrit que ceux-là, les coupables on les juge ; quand il avoit proscrit un innocent, il vouloit qu'on ignorât l'époque de sa mort, afin de ne la fixer qu'au moment précis qui convenoit à ses intérêts, où à sa vengeance.

Mais *Louis XVI* n'est pas *Louis XI* : l'un eft auffi humain que l'autre étoit barbare : l'un

respecte autant la juſtice & les loix ; il en recom-
mande auſſi ſoigneuſement l'obſervation , que
l'autre ſe plaiſoit à les faire violer , & à donner
l'exemple de l'infraction. Comment donc conſer-
ve-t-on ſous l'humanité de *Louis XVI* le régime inventé par la tyrannie de *Louis XI* ?
Comment ſous le Prince à qui l'équité eſt chere ,
& le ſang des hommes précieux , les ſujets ſont-
ils expoſés aux mèmes cataſtrophes que ſous
celui pour qui les exécutions étoient un ſpectacle délicieux ; qui appelloit le bourreau ſon
Compère , & ne marchoit jamais que ſous l'eſ-
corte d'un ſatellite , ſon compère auſſi , mais
plus féroce , plus ſanguinaire que tous les bourreaux enſemble ?

Encore ſi c'étoit la gravité des délits , où l'eſpèce des perſonnes qui déterminaſſent cet étrange & périlleux incognito ; ſi l'on ne couvroit de
ce voile funèbre que des hommes dévoués par
l'énormité de leurs forfaits à un ſupplice pro-
chain, ou des intrigans que leur naiſſance , ou
leurs richeſſes , ou leurs relations rendiſſent redoutables , on auroit du moins une excuſe , ou
un prétexte.

Mais la *Baſtille* , comme la mort , égaliſe tous
ceux qu'elle engloutit : le ſacrilège qui a médité
la ruine de ſa Patrie ; & l'homme courageux
qui n'eſt capable que d'en avoir défendu les
droits avec trop d'ardeur ; & le lâche qui a tra-
fiqué des ſecrets de l'Etat ; & celui qui a dit aux
Miniſtres des vérités utiles , mais contraires à
leurs intérèts ; & celui qu'on enchaîne de peur
qu'il ne déshonore ſa famille par des crimes ,
& celui dont on ne redoute que les talens , ſont

tous plongés dans les mêmes ténèbres (*).

Et qu'on y songe bien : elles font doubles : elles empêchent de voir, comme d'être vu : non-feulement elles ôtent au prifonnier la connoif-fance de ce qui peut l'intéreffer perfonnellement, la faculté de régler fes propres affaires ; de prévenir par des arrangemens définitifs ou provifoires, fa ruine, & celle quelquefois de fes correfpondans, celle fur-tout d'éclairer fes protecteurs, de défarmer fes ennemis ; enfin tout ce qui pourroit l'occuper utilement : mais elles lui dérobent jufqu'à l'afpect des affaires publiques qui pourroit le diftraire : devenu étranger à l'univers entier, on ne lui permet pas même de s'informer de ce qui s'y paffe. Il y a peut-être dans ces cachots tel homme qui fatigue journellement de fes prieres *Louis XV* & le Duc de la *Vrillière* : il fe croit encore enchaîné par eux : il eft fans ceffe à genoux devant ces deux fantômes dont il n'exifte plus que la mémoire : & les officiers du lieu, témoins de fon erreur,

---

(*) Cela n'eft pas tout-à-fait exact. On verra plus bas en faveur de qui, & dans quels cas ces ténèbres s'éclairciffent. Ainfi je ne prétens pas qu'il n'y ait jamais d'exception ; je parle du *régime général*, de ce que j'ai éprouvé perfonnellement, de ce que l'on m'a dit fans ceffe être le coftume habituel & l'ordre commun de la maifon. On fent bien que c'eft fur-tout à l'innocence qu'il doit être funefte. Dans des rigueurs dont le caprice difpofe, il n'y a que la protection qui puiffe procurer des difpenfes : or dès qu'un homme innocent eft à la *Baftille*, il eft bien clair, ou qu'il n'a pas de protecteurs, ou que fes protecteurs font moins puiffans que fes ennemis. C'eft donc fur-tout pour lui qu'eft préparé l'abominable régime dont il eft ici queftion.

ont la stupide délicatesse, ou le scrupule barbare de ne pas l'en tirer.

De cette ignorance active & passive, il résulte des effets infiniment funestes pour l'infortuné ainsi abusé; s'il n'a été sacrifié, par exemple, qu'à la vengeance personnelle d'un homme en place, il n'est point soulagé par la chûte même de ce colosse dont la prospérité l'a écrasé. Il ne peut pas s'en prévaloir par lui même, puisqu'il n'en est pas instruit: s'il n'a pas des amis ardens; si sa famille est timide, ou obscure, ou indifférente, ou éloignée, l'oppression reste la même, quoique l'oppresseur soit évanoui. Le successeur songe bien plutôt à user de la même ressource, qu'à redresser les torts qu'elle a produits. Le prisonnier reste à la *Bastille*, non pas parce qu'on desire qu'il y soit, mais parce qu'il y est, parce qu'on l'oublie, parce que les bureaux ne sont pas sollicités, & que rien n'égale la difficulté de sortir de ce puits meurtrier, si ce n'est la facilité d'y tomber.

J'en puis citer un exemple, autre que le mien, & sans compromettre personne. De mon tems la *Bastille* recéloit un *Genevois* nommé *Pelisseri*. Son crime unique étoit d'avoir fait quelques remarques sur les opérations financieres de M. *Necker*. Quand un hazard très-singulier m'en a instruit, il y étoit depuis trois ans: il y est peut-être encore; & ne connoît ni la subversion de sa patrie, ni celle du Ministre qu'il accusa avec raison de la sienne. Il ne sortira que quand un autre hazard, ou peut-être la mention que j'en fais ici, rappellera sa mémoire aux cerveaux mobiles qui maîtrisent l'immobilité

de la *Baftille* : peut-être enfin fentira-t-on combien il eft affreux d'éternifer ainfi au nom de
l'*Etat* la vengeance perfonnelle d'un Adminiftrateur paffager ; de punir un étranger, un homme
honnête, d'avoir été affez éclairé pour preffentir
ce que le gouvernement ne devoit pas tarder à
faire lui-même ; car enfin que refte-t-il des
opérations de M. *Necker* ? Si M. *Pelifferi* a été
coupable en les cenfurant, que font donc ceux
qui les ont détruites ? (24)

Peut-on ne pas frémir d'horreur, en fon-
geant que celles dont je trace le pénible tableau
ont été le prix d'une indifcrétion, qui, quelques
mois plus tard, eft devenue, non-feulement une
action prudente, mais une néceffité. Le pané-
gyrifte de M. *Necker* aujourd'hui rifqueroit
fans contredit de fe trouver le commenfal de
fon critique : & tandis qu'un defpotifme fans
pudeur multiplie arbitrairement les victimes
de ces terribles inconféquences, les réclamations fe perdent dans les ténèbres inacceffibles
dont je parle.

Encore une fois, qu'on y fonge bien, rien
n'en fort, comme rien n'y pénètre : les tentatives même qu'un prifonnier peut hazarder,
auprès de fes protecteurs, pour les intéreffer à
obtenir ou une procédure ou un pardon, on les
intercepte, on les enfevelit : avertis même par
ces indications indifcretes des côtés par lefquels
il peut fe flatter d'être fécouru, les limiers de
la Police fe hâtent de fermer les paffages aux
efforts que l'on pourroit tenter en fa faveur.
On ne lui laiffe le pouvoir de folliciter ceux
qui peuvent folliciter pour lui, que quand il a

bu jufqu'à la derniere goutte la mefure de fiel que le defpotifme & la haine lui ont préparée.

Ses lettres, quand on ne lui enleve pas la faculté d'écrire, paffent toutes ouvertes à la *Police*, ou bien elles y font décachetées. C'eft pour les prépofés à ce triage un amufement que la lecture de ces douloureufes lamentations : ils fe divertiffent un moment du ton fur lequel chacun des encagés foupire : & puis on enliaffe foigneufement le produit épiftolaire de chaque jour, non pour en faire ufage, mais pour l'enterrer dans des dépôts inconnus, ou le bruler. Ni le prifonnier qui a écrit, ni ceux à qui il écrit, n'en entendent jamais parler.

Dans les premiers tems de ma détention, j'avois imploré les bontés des Princes de la Famille Royale. (25) Inftruit dès auparavant que *Monfieur*, & Mgr. le *Comte d'Artois* m'honoroient de leur eftime, je m'étois flatté que dans mon malheur, ils ne me réfuferoient pas leur bienveillance. Je leur avois écrit : les lettres étoient cachetées : le *Lieutenant de Police* quelque tems après me dit qu'il les avoit *lues*, mais non pas *rendues* : qu'on ne le lui avoit pas permis. Et fur ce que je lui obfervai que puifqu'il en favoit le contenu, il pouvoit en informer les Princes généreux à qui il les avoit fouftraites ; il me répondit, *qu'il n'approchoit pas de ces Puiffances*. Et l'homme à qui l'accès de ces Puiffances étoit interdit, avoit celle de décacheter leurs lettres, de les fupprimer, de rendre leurs bonnes intentions, & celles du Roi inutiles, enfin d'élever autour de moi des remparts plus impénétrables que tous les châteaux magiques dont l'imagination a jamais peuplé les romans !

Entrons maintenant dans l'intérieur de ces remparts : voyons comment s'y prennent les *Cerbères* qui en ont la garde pour completter leur abominable miniſtère, pour achever d'y rendre la *vie dure*.

Le préʋlʋ quand on leur amene une proie nouvelle , c'eſt la *Fouille*. Leur priſe de poſſeſſion de la perſonne d'un priſonnier, leur maniere de conſtater la propriété infernale dans laquelle il va être compris, c'eſt de le dépouiller de toutes les ſiennes. Il eſt auſſi ſurpris qu'effrayé de ſe trouver livré aux recherches, aux tatonnemens de quatre hommes dont l'apparence ſemble démentir les fonctions, & ne les rend que plus honteuſes; de quatre hommes décorés d'un uniforme qui autoriſe à en attendre des égards , & d'un ſigne d'honneur qui ſuppoſe, il faut le répéter, un ſervice *ſans tache.*

Ils lui enlevent ſon *argent*, de peur qu'il ne s'en ſerve pour corrompre quelqu'un d'entr'eux ; ſes *bijoux*, par la même conſidération ; ſes *papiers*, de peur qu'il n'y trouve une reſſource contre l'ennui auquel on veut le dévouer; ſes *ciſeaux, couteaux, &c.* de peur, lui dit on, qu'il ne ſe coupe la gorge, ou qu'il n'aſſaſſine ſes géoliers : car on lui explique froidement le motif de toutes ces ſouſtractions. Après cette cérémonie qui eſt longue, ſouvent coupée par des plaiſanteries, & des gloſes ſur chaque piece compriſe dans l'inventaire , on vous entraîne vers la loge qui vous eſt deſtinée dans cette ménagerie.

Elles font toutes pratiquées dans des tours dont les murs ont au moins, comme je l'ai dit, *douze* pieds d'épaiſſeur, & dans le bas *trente & quarante*. Chacune a un ſeul ſoupirail pratiqué dans le mur, mais traverſé par trois grilles de fer, l'une en *dedans*, l'autre *au milieu de la muraille*, la troiſieme en *dehors*. Les barreaux ſont croiſés ; & ils ont un pouce quarré d'épaiſſeur : & par un raffinement qui prouve la ſupériorité du génie des inventeurs, la partie ſolide de chacune de ces étranges mailles répond juſte au vuide d'un autre, ce qui laiſſe à peine à la vue un paſſage de deux pouces, quoique les mailles en ayent à-peu-près quatre de large.

Autrefois chacun de ces caveaux avoit trois ou quatre ouvertures, toutes petites, il eſt vrai, toutes décorées des mêmes réſeaux : mais enfin cette multiplicité de lucarnes aidoit à la circulation de l'air ; elle prévenoit l'humidité, l'infection, &c : un Gouverneur plein d'humanité les a fait boucher : il n'en reſte qu'une :, dans les plus belles journées, le peu de lumière qu'elle laiſſe tranſpirer dans la chambre ne peut ſervir qu'à en faire mieux diſtinguer l'obſcurité.

Ainſi en hyver ces caves funeſtes ſont des glacières, parce qu'elles ſont aſſez élevées pour que le froid y pénètre : en été ce ſont des poéles humides, où l'on étouffe, parce que les murs en ſont trop épais pour que la chaleur puiſſe les ſécher.

Il y en a une partie, & la mienne étoit de ce nombre, qui donnent directement ſur le foſſé où ſe dégorge le grand égoût de la rue

St. Antoine; de forte que quand on le nettoie, ou en été dans les jours de chaleur un peu continuée, ou après chaque inondation, accident affez commun au printems & en automne dans ces foffés creufés au-deffous du niveau de la rivière, il s'en exhale une infection peftilentielle. Une fois engouffrée dans ces boulins que l'on appelle des *chambres*, elle ne fe diffipe que très-lentement.

C'eft dans cet atmofphère qu'un prifonnier refpire : c'eft là que pour ne pas étouffer entièrement, il eft obligé de paffer les jours, & fouvent les nuits, collé contre la grille intérieure, qui l'écarte comme je viens de le dire, même du trou taillé en forme de *fenêtre* par laquelle coule jufqu'à lui une ombre de jour & d'air. Ses efforts pour en pomper un peu de nouveau par cette farbacane étroite ne fervent fouvent qu'à épaiffir autour de lui la fétidité qui le fuffoque.

En hyver malheur à l'infortuné qui ne peut pas fe procurer l'argent néceffaire pour fuppléer à ce que l'on diftribue de bois au nom *du Roi*. Autrefois il fe délivroit fans compte, & fans mefure, en raifon de la confommation de chacun. On ne chicanoit pas des hommes d'ailleurs privés de tout & réduits à une immobilité fi cruelle fur la quantité de feu qu'ils croyoient néceffaire pour décoaguler leur fang engourdi par l'inaction, ou volatilifer les vapeurs condenfées fur leurs murailles. Le Prince vouloit qu'ils jouiffent de ce foulagement, ou de cette diftraction, fans en reftraindre la dépenfe.

L'intention eft fans doute encore la même :
les

les procédés font changés. Le Gouverneur actuel a fixé la confommation de chaque réclus à fix bûches *groffes* ou *petites*. On fait qu'à *Paris* les bûches d'appartement ne font que la moitié de celles du commerce, parce qu'elles font fciées par le milieu. Elles n'ont qu'environ dix - huit pouces de longueur. L'économe diftributeur a foin de faire choifir dans les chantiers ce qu'il eft poffible de trouver de bois plus mince, &, ce qui eft auffi incroyable que vrai, de plus mauvais. Il fait prendre, par préférence, les fonds de piles, les reftes de magafins, dépouillés par le tems & l'humidité de tous leurs fels, & abandonnés par cette raifon à bas prix aux ouvriers tels que les *braffeurs*, les *boulangers*, à qui il faut un feu plus clair que fubftantiel. Six de ces allumettes compofent la provifion de vingt-quatre heures pour un habitant de la *Baftille*.

On demandera ce qu'ils font quand elle eft difparue : ils font ce que leur confeille en propres termes l'honnête Gouverneur : ils fouffrent. (*Voyez la note* 29).

Les meubles font dignes du jour qui les éclaire, & de l'habitation qu'ils doivent décorer. Il eft bon d'avertir d'abord que par fon forfait avec le Miniftère, le Gouverneur doit les *fournir*, & les *entretenir* à fes dépens : c'eft une des très-petites charges attachées à fon immenfe revenu, dont je parlerai bientôt. Il peut s'excufer des incommodités du féjour, parce qu'il ne peut pas changer la fituation des lieux : il peut pallier l'odieufe léfinerie dont je viens de parler, qu'il exerce fur la confommation du

E

bois, fous prétexte qu'elle tend à épargner de la dépenfe *au Roi.* Mais fur l'article des meubles qui ne regardent que lui, & qui lui font payés, il n'a ni excufes, ni palliatifs. Ses épargnes en ce genre font néceffairement tout à la fois un vol, & une cruauté.

Or deux matelats rongés des vers, un fauteuil de canne dont le fiége ne tenoit qu'avec *des ficelles*, une table pliante, une cruche pour l'eau, deux pots de fayance, dont un pour boire ; & deux pavés pour foutenir le feu ; voilà l'inventaire, du moins des miens. Je n'ai dû qu'à la commifération du *Porte - clef*, après plufieurs mois, une *pincette* & une *pelle* de fer. Il ne m'a pas été poffible d'obtenir des *chenets :* &, foit politique, foit inhumanité, ce que le Gouverneur ne veut pas fournir, il ne veut pas non plus qu'un prifonnier fe le procure à fes propres frais. Ce n'eft qu'au bout de *huit mois* que j'ai pu me faire *acheter* une *téière:* pour avoir, *avec mon argent*, un fauteuil ordinaire & folide, il en a fallu *douze ; & quinze* pour remplacer par de la fayance commune la craffeufe & dégoûtante vaiffelle d'*étain* qui circule feule dans la maifon.

L'unique meuble qu'il m'ait été permis de me faire *acheter* dans les premiers jours, c'eft une couverture de laine: en voici l'occafion.

Le mois de Septembre, eft comme on fait, le tems où les œufs des teignes qui rongent les étoffes de laine fe changent en papillons. A l'ouverture de l'antre qui m'étoit affigné, il s'éleva du lit, non pas un nombre, non pas un nuage, de ces infectes ; mais une large & épaiffe colonne dont le développement inonda la chambre en un inftant. Je reculai d'horreur : *Bon, bon,* me dit en fouriant un des introducteurs, *vous n'y aurez pas couché deux nuits qu'il n'y en aura plus un feul.*

Le foir, le *Lieutenant de Police* vint fuivant l'ufage me fouhaiter la *bien-venue.* Je montrai une répugnance fi violente pour un grabat ainfi peuplé, qu'on voulût bien me laiffer parvenir une couverture neuve, & me permettre de faire battre les *matelats,* le tout *à mes dépends.* Comme les *lits de plume* font interdits à la *Baftille,* fans doute parce que ces délicateffes né conviennent pas à des hommes à qui le Minif-tère veut fur-tout donner des leçons de morti-fication, j'aurois voulu, au moins tous les trois mois, faire donner à mes miférables matelats cette efpèce de rajeuniffement. Le Gouverneur pro-priétaire s'y oppofoit tant qu'il pouvoit, quoi-qu'il ne dût lui en rien coûter ; mais parce que cette façon, difoit-il, *les ufe.*

M^de. de *Staäl* raconte qu'elle fit tendre dans fa chambre une tapifferie. Dut-elle cette con-defcendance à fa qualité de favorite d'une grande Princeffe, ou bien à ce que les mœurs du tems laiffoient encore d'humain même à la *Baftille,* comme le prouvent les autres détails de fa cap-tivité ; je ne le fais pas. Ce qui eft fûr, c'eft que les tolérances de ce genre font un des abus que la régularité moderne a retranchés. Mes inf-tances pour obtenir à mes dépens, ou une toile qui eût aidé à abforber l'humidité des murs, en cachant leur teinte lugubre ; ou du papier qui eût produit le même effet, en me procurant dé

plus la diverfion de le coller moi-même , ont été
inutiles.

Dans ma chambre , le fpectacle de ces murs
avoit quelque chofe d'affreux. Un de mes pré-
déceffeurs , peintre apparemment , ou amateur ,
& moins exclufivement fevré de tout ce qui pouvoit ou nourrir fon ame , ou occuper fes mains ,
a obtenu la permiffion de barbouiller ce féjour à
fa maniere. C'eft un octogone qui a quatre grands
côtés , & quatre petits. Chacun eft incruffé d'un
tableau très-convenable au lieu : ce font les détails de la *paffion*.

Mais foit par goût, foit qu'on n'ait voulu lui
paffer qu'une couleur affortie au fujet , & à l'appartement , il n'a employé que de l'*ocre* , & n'a
fait que des camayeux dont on peut imaginer la
nuance. Après l'évaporation des papillons ; quand
mes yeux fe porterent fur ces panneaux dont l'obfcurité durciffoit encore la teinte , où je ne voyois
en gros que des attitudes de douleur , que des ap-
pareils de fupplices , fans en diftinguer le fujet ;
ce que l'on raconte des *Oubliettes* , ce que l'on
fait des *Sambenitos* , me revint à l'imagination.
Je crus fermement que ces cadavres étoient autant
d'emblèmes du fort qui m'attendoit , & qu'on ne
m'avoit donné cette chambre que pour m'y préparer. Je fis à Dieu le facrifice de ma vie. Ames
fenfibles appréciez ce moment.

Ainfi logés , ainfi meublés , fi du moins les
captifs confervoient la faculté qu'ils avoient
autrefois , celle dont les coupables même ne
font point privés dans les prifons ordinaires ,
que la juftice feule dirige ; c'eft-à-dire , celle
de converfer entr'eux , de fe voir , de former

de ces liaisons que la nécessité excuse dans les
autres dépôts, même entre l'homme honnête,
& celui qui ne l'est pas ; mais qui pourroient
souvent à la *Bastille* être fondées sur une estime
réciproque ; sans oublier leur détresse, ils en
auroient plus de force pour la supporter. On
voit de certaines liqueurs, qui chacune à part
blessent le goût : en les mélant, elles acquièrent
une saveur moins rebutante : il en est de même
de l'infortune : mais c'est précisément cet amal-
game de soupirs que les *Bastilleurs* ont grand soin
de prévenir : ce qu'un prisonnier diminueroit de
ses amertumes seroit autant de retranché sur leurs
jouissances. Leur devise est le mot qu'adressoit à
ses bourreaux *Caligula*, quand il leur comman-
doit un assassinat ; *frappes de façon qu'il se sente
mourir.*

Du moment où un homme leur est livré, il est
perdu, comme je l'ai dit, pour l'univers entier :
il n'existe plus dans le monde que pour eux :
ils ne sont pas moins attentifs à prévenir toute
sorte de correspondance intérieure entre leurs
victimes, qu'à leur interdire toute espece d'épan-
chement au-dehors. *La Porte* & d'autres parlent
du commerce qu'ils entretenoient avec leurs voi-
sins par des cheminées, &c.

Encore une fois cela pouvoit être de leur
tems ; aujourd'hui les tuyaux des cheminées sont
traversés comme les fenêtres dans leur longueur
de trois grilles les unes au-dessus des autres,
dont la premiere commence à trois pieds du foyer ;
& leur embouchure s'élève à plusieurs pieds au-
dessus de la terrasse : les *privés*, soulagement très-
rare, car je crois qu'il n'y a dans tout le château

que deux chambres qui en foient douées, font
pourvus de la même garniture: une grande partie des chambres eft voûtée; les autres ont des
planchers doubles.

Quand on juge à propos de faire defcendre
un captif, foit pour un interrogatoire, s'il eft
affez heureux pour en fubir; foit pour voir le
médecin, s'il n'eft pas affez malade pour être
obligé de l'attendre dans fa caverne; foit pour
la prétendue promenade dont je parlerai tout-
à-l'heure; foit par un fimple caprice du Gouverneur, il ne trouve par-tout que le filence,
des déferts, & l'obfcurité. Un croaffement funèbre du *Porte-clef* qui le guide fait difparoî-
tre tout ce qui peut le voir, ou être vu de lui.
Les fenêtres du corps-de-logis où fe recèle l'*état
major*, où font les cuifines, où font admis les
étrangers, fe cuiraffent à l'inftant de *rideaux*,
de *volets*, de *jaloufies*; & l'on a la cruauté de
ne procéder à cette opération que quand il eft
à portée de s'en appercevoir. Ainfi tout lui rap-
pelle qu'à deux pieds de lui il y a des hommes,
& des hommes qu'il auroit peut-être un très-grand
intérêt de voir, puifqu'on apporte un fi grand
foin à les lui cacher: ce qui multiplie fes angoiffes en raifon de fes attachemens.

J'ai cru long-tems que j'avois pour commen-
fale une perfonne dont la confervation pouvoit
feule me confoler de mes autres pertes, & par
les fers de laquelle on y auroit en effet mis le
comble, fi l'on avoit pu tromper fa vigilance.
Les réponfes qu'attiroient mes queftions à ce
fujet n'étoient propres qu'à confirmer mes allarmes: car quand ces hommes raffinés dans l'art

de meurtrir les ames trouvent l'occafion de mê-
ler au filence habituel qui tourmente, une franchife fimulée, qui puiffe défefpérer, ils ne la man-
quent pas : qu'ils parlent, ou qu'ils fe taifent,
ils ont grand foin que leur activité foit cruelle
comme leur inaction.

C'eft par ces manœuvres qu'un pere & un fils,
un mari & une femme, des parentés entières
peuvent peupler à la fois la *Baftille*, fans fe douter qu'ils aient auprès d'eux des objets fi chers ;
ou y languir dans la perfuafion qu'une détreffe
commune enveloppe toute la famille, quoiqu'une
partie s'y foit fouftraite. Quand un Gouverneur
de *St. Domingue* jugea à propos, il y a quelques
années, de fe défaire un matin de toute la juftice
d'une de fes villes, & d'emballer un tribunal entier pour le renvoyer en *France* fur le même vaif-
feau, on mit tout en arrivant ce Parlement *Amé-
ricain* à la *Baftille*.

Les pauvres gens y trouvèrent une bien autre
fervitude que celle de leurs *Négres :* il y furent
huit mois, fans favoir ce qu'étoit devenu chacun
d'eux ; & cependant on leur faifoit leur procès !
& en définitif ils ont été reconnus innocens ! &
ils n'ont eu d'autre indemnité que la permiffion
d'aller reprendre leurs places !

Mais fi l'on eft fi foigneux d'empêcher les captifs, foit de correfpondre entr'eux, foit même
de fe connoître, on ne fonge point du tout à
leur diffimuler qu'ils ne font pas feuls. Ces planchers doubles, ces voûtes, impénétrables aux
confolations, rendent fidèlement les indices par
lefquels un infortuné qui fouffre eft averti qu'il
a au-deffus, ou au-deffous de lui, un autre infor-

tuné non moins à plaindre : les portes, les clefs, ne font pas plus muettes, ainfi que les verroux. Le fracas des unes, le cliquetis des autres, le lourd roulement des troifièmes retentiffent au loin dans les volutes de pierre qui forment les efcaliers, & fe propagent d'une maniere effrayante dans le vuide immenfe des tours. Il m'étoit facile par-là de fupputer combien j'avois de voifins, & c'étoit une nouvelle fource de convulfions.

Sentir que l'on a fur fa tète ou fur fes pieds un ètre malheureux à qui l'on pourroit donner, ou de qui l'on pourroit recevoir du foulagement ; l'entendre marcher, foupirer ; penfer qu'on n'en eft éloigné que d'une demi-toife ; combiner fans ceffe le plaifir de franchir cet efpace, & l'impoffibilité d'y réuffir ; avoir également à s'affliger, & du fracas qui annonce un nouveau venu condamné à partager vos fers, fans les alléger, & du filence de ces cachots, qui vous avertit qu'un des compagnons de votre mifere a été plus fortuné que vous, c'eft un fupplice dont on ne peut pas fe former d'idée. Ce font ceux de *Tantale*, d'*Ixion*, de *Syfiphe*, réunis.

Et il en occafionne quelquefois un plus horriblé encore. Je ne puis douter que le camarade qui occupoit la chambre au-deffous de moi ne foit mort, naturellement ou non, pendant mon féjour. Une nuit, vers deux heures du matin j'entendis dans l'efcalier un grand tumulte : on montoit en grand nombre, & avec fracas, on s'arrètoit à cette porte : il y eut des débats, des conteftations, des allées, des venues : j'entendis très-diftinctement des efforts, des gémiffemens.

Etoit-ce une visite secourable, ou une exécution ? Introduisoit-on un médecin, ou un bourreau ? Je l'ignore : mais trois jours après, à la même heure, j'entendis à la même porte un bruit moins violent; je crus distinguer qu'on montoit, qu'on posoit, qu'on remplissoit, qu'on accommodoit une *bierre :* à ces formalités succéda une forte odeur de *genièvre.* Ailleurs ce seroit un événement tout simple : mais à la *Bastille*, & à une pareille heure, & à deux pas de soi !

Si le régime de la *Bastille* met ainsi à la discrétion de ses gardiens, par cette voie, & par une autre dont je parlerai bientôt, la vie de quiconque y est précipité, ils veulent aussi qu'elle ne dépende absolument que d'eux; ils savent, & c'est une de leurs plus précieuses jouissances, que leur régime doit produire le désespoir : ils savent qu'il y a mille momens où celles sur-tout de leurs victimes dont aucune action repréhensible n'a flétri le courage, ni l'habitude servile de l'obéissance énervé la sensibilité, seroient tentées de se soustraire par un effort passager à cette longue suite d'agonies : & c'est précisément ce qu'ils ne veulent pas ; ils craignent encore plus qu'un de leurs captifs ne se dérobe aux horreurs dont ils le nourrissent, par la mort, que par la fuite. Ces *Phalaris* redoutent sur-tout qu'on ne sente pas assez long-tems le feu de leur Taureau : & par un art qui ne peut se trouver qu'à la *Bastille*, les précautions mêmes qu'ils multiplient contre ces prétendus accidens, sont aussi humiliantes que douloureuses, aussi propres à entretenir le désir de la cataſtrophe qu'elles préviennent, qu'à en empêcher l'exécution.

J'ai dit qu'on ne laiſſoit à un priſonnier ni *ciſeaux*, ni *couteaux*, ni *raſoirs*. Ainſi, quand on lui ſert les alimens que ſes larmes arroſent, ou que ſes ſoupirs repouſſent, il faut que le *Porte-clef* lui coupe chaque fois ſes morceaux : & il ſe ſert d'un couteau arrondi par le bout, qu'il a ſoin chaque fois de remettre dans ſa poche, après la diſſection.

On ne peut pas empêcher ſes ongles de croître, ni ſes cheveux de pouſſer, mais il ne lui eſt pas permis de ſe débarraſſer de ces progrès incommodes, ſans en acheter la faculté par une humiliation ; il faut qu'il prie qu'on lui prête des *ciſeaux* ; le *Porte-clef* doit reſter préſent tant qu'il en fait uſage, & les remporter ſur-le-champ.

Quant à *la barbe*, le Chirurgien de la maiſon eſt chargé de la raſer : c'eſt un office dont il s'acquitte deux fois par ſemaine : lui, & le *Porte-clef*, agent ou ſur-intendant général de tout ce qui ſe paſſe dans les *Tours*, veillent ſoigneuſement à ce que la main du *captif* n'approche pas de l'étui où ſont renfermés les formidables inſtrumens : on ne les développe, comme la hache du bourreau qui décapite, qu'au moment de s'en ſervir : on ſe ſouvient encore à la *Baſtille* du fracas qu'y occaſionna la témérité de M. *De Lally*, quoique dans un tems où il ne prévoyoit guère ſa deſtinée : il s'empara un jour d'un *raſoir* ; il refuſa, en riant, de le rendre. Cela n'annonçoit pas des deſſeins bien furieux : le tocſin n'en ſonna pas moins dans tout le château. La garde étoit déja mandée : vingt bayonnettes marchoient ; on préparoit peut-être les canons, quand heureufement la révolte finit par la réintégration du terrible outil dans fon étui.

C'eſt une dériſion que de prétendre, comme on le fait, que cette vigilance a autant pour objet la fûreté des gardiens que celle du captif lui-même. Quel attentat redoute-t-on d'un homme chargé de chaines appefanties avec tant d'art, prefſé par tant de murs, entouré de tant de gardes, ifolé avec tant de fcrupule ? Mais quel que foit le motif qui fait craindre de laiſſer de ſi foibles reſſources à fa portée, il eſt évident que c'eſt fon défefpoir que l'on redoute : or on fait que ce défefpoir n'eſt le fruit que des tortures réfléchies dont on l'accable ; & ce n'eſt que parce qu'on veut déchirer impunément fon cœur, qu'on veut auſſi que fa main foit impuiſſante.

J'ai beaucoup parlé juſqu'ici des *Porte-clefs*, fans en indiquer l'emploi. Ce font des fubalternes chargés de ce qu'on appelle le fervice des *Tours*, c'eſt-à dire des prifonniers, & il eſt bref : il fe réduit à diſtribuer les alimens dans chacune des mues dont le diſtrict leur eſt confié. Ils y entrent trois fois par jour, à fept heures du matin, à onze, & à ſix du foir. Ce font là les heures du *déjeûner*, du *diner*, & du *fouper*. On les veille pour s'aſſurer qu'ils ne reſtent que le tems à-peu-près de dépofer leur fardeau : ainſi fur les 24 ſiècles qui compofent une journée ou plutôt une nuit à la *Baſtille*, un prifonnier n'a que ces trois courtes diſtractions.

Les *Porte - clefs* font difpenfés même de *faire les lits*, de *balayer les chambres*. On prend encore pour prétexte que quand ils y feroient occupés, on pourroit les maltraiter, les affaffiner, &c. on appréciera la juftefle du motif : mais la difpenfe eft conftante. Ainfi le vieillard, l'infirme, la femme délicate, l'homme de lettres étranger à ces manipulations du manége, l'homme opulent qui ne les connoit pas mieux, font tous foumis à la même inquiétude.

A la vérité les *Porte - clefs* ne s'y affujettiffent pas toujours : ils font des exceptions, & rendent quelquefois des fervices qu'on n'a pas droit d'exiger d'eux : mais il faut qu'ils s'en cachent comme d'une correfpondance illicite : la furie déguifée en Gouverneur qui prend l'allarme dès qu'en paffant devant un de ces cachots, il n'y entend pas gémir, les puniroit bien vîte des confolations qu'ils y auroient portées.

C'eft dans ce filence abfolu, dans ce dénuement général, il faut le répéter ; dans ce néant plus cruel que celui de la mort, puifqu'il n'exclud point la douleur, ou plutôt qu'il engendre toutes les efpeces de douleurs ; c'eft dans cette abftraction univerfelle, il ne faut point fe laffer de le redire, que ce qu'on appelle un *Prifonnier d'Etat* à la *Baftille*, c'eft - à - dire un homme qui a dépl'û à un Miniftre, à un Commis, à un de leurs Valets, eft livré fans reffource d'aucun genre, fans autre diftraction que fes penfées, & fes allarmes, au fentiment le plus amer qui puiffe affecter un cœur que le crime n'a point dégradé, à celui de l'innocence accablée, qui fe voit périr fans pouvoir fe manifefter ; c'eft de - là qu'il s'épuise à reclamer sans fruit le secours des loix; la communication de ce qu'on lui impute, & l'assistance de ses amis : non - seulement ses prières, ses gémissemens, son désespoir ne servent à rien ; mais il sait, on lui répète qu'ils sont inutiles ; c'est la seule connoissance qu'on lui donne. Abandonné à toute l'horreur du désœuvrement, de l'ennui, augmentée par l'incertitude de l'avenir, il sent journellement son existence s'éteindre, & il sent en même tems qu'on ne la lui conserve que pour prolonger son supplice. La dérision & l'insulte se joignent à la cruauté pour redoubler l'amertume des privations dont on le nourrit.

Par exemple, au bout de huit mois, l'idée me vint d'éluder un peu ma nullité en me rappellant mon ancienne géométrie : je demandai un *étui de mathématiques* : j'avois eu soin d'en fixer la grandeur à *Trois pouces*, afin de prévenir même le prétexte d'un refus. Il fallut solliciter cette grace pendant deux mois ; il fallut peut-être tenir un *Conseil d'Etat*. Enfin elle est accordée : l'étui arrive,.... *sans compas.* Je me recrie : on me répond froidement que les *armes* sont défendues à la *Bastille.*

Il fallut solliciter de nouveau, supplier, envoyer de longs mémoires ; discuter sérieusement s'il y a quelque différence entre un étui de mathématiques, & un canon. Après un autre mois, grace à la charité, à l'imagination du Commissaire du château, les compas sont venus: mais comment ? garnis en *os.* On avoit fait faire, à mes dépens, de cette matiere, tout ce qui dans un étui de mathématiques doit être d'acier.

Je conferve précieufement cette garniture géo-
métrique d'un genre nouveau. Après en avoir
pendant ma vie orné mon cabinet, j'aurai foin
en mourant qu'elle foit confignée dans un dépôt
où elle puiffe trouver des fpectateurs : elle y figu-
rera avec honneur au milieu des monumens de
l'induftrie des peuples barbares, dont nos voyageurs nous rapportent quelquefois des échantil-
lons. Nulle part on ne trouvera d'invention de
fauvage qui mérite autant la curiofité publique.

Par une fuite de ce principe qu'un homme
ainfi mis fous *la main du Roi*, ou plutôt du Miniftère, doit devenir invifible, fans exception ;
pour ne pas déroger à cet efcamotage atroce, on
a voulu que l'exiftence des prifonniers dépendît
exclufivement des mains qui font employées à la
cacher. Le Gouverneur en entreprend la nourriture à forfait, & cette gargotte royale eft lucrative.

Le Miniftère a fondé à la *Baftille* quinze places
qui font payées, occupées ou non, fur le pied de
dix livres de *France*, ou à-peu-près cinq florins
de *Brabant*, ou huit *fhellings d'Angleterre*, par
jour, ce qui fait au Gouverneur un revenu de
près de 2500 Louis-d'or par an.

Ce n'eft pas tout : en fabricant une *Lettre-de-
cachet* qui lui donne un commenfal, on ajoute
à la fondation primitive une fomme par tête, pro-
portionnée à fa qualité. Ainfi un *Colporteur*, un
homme du bas étage, apporte à la marmite commune, outre la piftole fondée, un écu (*) d'extraordinaire par jour ; un *Bourgeois*, un *Légifte*
de la claffe inférieure, *cent fols* (**) ; un *Prêtre* ;

***

[*] Une demi-couronne.   [**] Quatre fhellings.

un *Financier*, un *Juge* ordinaire, 10 liv. T. (†);
un *Confeiller au Parlement*, 15 liv. T. (††); un
Lieutenant Général des armées, 24 liv. T. (§);
un *Maréchal de France*, 36 liv. T. (§§). J'ignore
quel eft dans ce cadaftre miniftériel le taux d'un
Prince du Sang.

Enfin de plus on a accordé au Gouverneur le
privilège de faire entrer dans fes caves près de
cent pieces de vin, franches de tous droits; ce
qui fait encore un objet confidérable, qui devroit
fans doute faciliter & affurer le fervice de fes tables.

Que fait-il? Il vend fon droit d'entrée à un ca-
baretier de *Paris*, nommé *Joli*, qui lui en rend
deux mille écus: il lui prend en échange du vin
au plus bas prix pour l'ufage des prifonniers; &
ce vin, comme on s'en doute bien, n'eft que du
vinaigre. Il regarde la fondation annuelle de *dix
francs par jour*, comme un revenu fixe de fa
place, duquel il ne doit aucun compte, & qui n'a
rien de commun avec fes écots; il n'y emploie
que cet excédent, cet extraordinaire que la libé-
ralité du Prince n'a deftiné qu'à les augmenter;
& cet excédent même il fe garde bien de le confommer en entier. Les détails à ce fujet ne font
pas nobles; mais ils n'en méritent pas moins d'ê-
tre connus. Il y a des prifonniers à la *Baftille*, à
qui l'on ne fert que quatre onces de viande par
repas. Les portions ont été pefées plus d'une fois:

[†] Huit fhellings.
[††] Douze fhellings.
[§] Un louis-d'or.
[§§] Un louis-d'or & demi.

c'eſt un fait connu de tous les ſubalternes, qui en gémiſſent (26). Rien de plus facile à vérifier, dès qu'on voudra garantir du reſſentiment du Chef les inférieurs qui peuvent démaſquer ſa ſordide avarice.

Il y a des tables moins dénuées ; je l'avoue : la mienne étoit du nombre. Eſt-ce un mal, eſt-ce un bien, que cette abondance pour ceux à qui on l'accorde ? Je n'oſe le décider : ſi elle a quelque choſe de moins humiliant, elle peut auſſi cacher des piéges bien redoutables. J'ai connu des gens qui dans tout leur ſéjour à la *Baſtille* n'ont vécu que de lait : d'autres, tels que M. *de la Bourdon-naie*, ont ſollicité, & obtenu la permiſſion de ſe faire apporter des alimens de chez eux. Elle m'a été conſtamment refuſée, & même pendant huit mois celle de me faire acheter quoi que ce ſoit, ſans exception, comme je l'ai dit, quoique j'euſſe de l'argent dépoſé dans les mains des officiers du Château.

J'y ſuppléois par une attention ſcrupuleuſe à ne manger jamais que très-peu de chaque plat ; à laver dans pluſieurs eaux ce qui me paroiſſoit ſuſpect ; & je n'ai pas pu, malgré ces précautions, éviter ce que je redoutois avec trop de raiſon. Le 8e jour depuis mon entrée, j'ai eu des coliques & des vomiſſemens de ſang qui ne m'ont preſque plus quitté, & dont les accès redoublés de tems en tems décéloient un renouvellement de cauſes.

Je ne me ſuis ni mépris, ni tû ſur ces cauſes. J'ai écrit cent fois au *Lieutenant Général* de *Po-lice*, que l'on m'*empoiſonnoit :* je l'ai dit verba-lement à ſon ſubſtitut : je l'ai dit au *Médecin*, au *Chirurgien*, aux officiers de la maiſon eux - mê-mes ;

mes ; un rire infultant eft la feule réponfe que j'aie jamais reçue.

Si l'on avoit voulu vous empoifonner, exifte-riez-vous? m'ont déja dit plufieurs perfonnes, à qui j'ai parlé de cette étrange anecdote : & la même objection fera peut-être répétée par d'autres qui la liront ici : mais ce n'eft que faute de réflexion qu'elle peut paroître fpécieufe. Non, fans doute, je n'aurois pas échappé à cette volonté meurtriere, fi elle avoit été celle du Gouvernement : mais mon exiftence, l'opiniâtreté vivace de ma conftitution ne juftifient que lui. Les mains qui ne lui refuferoient pas une lâcheté de cette nature, s'il étoit capable de l'exiger, le font-elles de réfifter à des follicitations lucratives qui peuvent venir d'ailleurs ?

Par l'inconcevable régime dont il eft queftion ici, rien de ce qui ferviroit à diftraire ou à confoler un prifonnier, ne peut arriver jufqu'à lui : mais tout ce qui eft propre à porter à fon ame, ou à fa fanté, des atteintes irréparables n'éprouve aucune difficulté. L'*Etat Major* fupérieur eft compofé de quatre *Officiers* ; l'inférieur de quatre *Porte-clefs*, la cuifine de quatre *Marmitons*. Ces douze hommes favent tous qui ils fervent, malgré les ridicules minauderies avec lefquelles on feint de vouloir leur en dérober le fecret : tous fortent, fe répandent journellement dans *Paris* : ils y ont leurs maifons, leurs femmes, leurs amis, leurs connoiffances. Eft-il donc fi difficile de trouver un fcélérat parmi cette troupe, dont l'état même n'eft qu'une fuite de fonctions criminelles ? L'eft-il davantage pour celui qu'on aura une fois gagné de diftinguer la portion qu'il

doit rendre mortelle, & dont rien ne lui défend
l'accès ? On ne peut pas préfumer de pareilles
horreurs ! mais toutes celles dont il s'agit ici
les préfumeroit-on ?

Le danger eft fi peu imaginaire qu'autrefois il
y avoit toujours dans la cuifine, auprès de la
marmite & des fourneaux, un fentinelle, chargé
de tenir un compte exact de tous ceux qui en ap-
prochoient. Cette précaution falutaire encore plus
qu'injurieufe a été fupprimée il y a quelques années : les attentats dont elle indiquoit évidemment
la poffibilité en font-ils dévenus plus difficiles à
commettre ?

Celui dont j'étois l'objet n'a pas été confom-
mé ! mais l'éclat de mes plaintes a pu déconcerter
la main qui l'avoit promis, & mes foins rendre
en partie fes efforts inutiles. Je ne prétens pas que
tous ceux qui ont reçu mes triftes confidences à
ce fujet fuffent complices du crime qui les oc-
cafionnoit : le vrai coupable a pu craindre en véri-
fiant avec trop de rapidité mes preffentimens, qu'il
n'en réfultât des recherches. La langueur habituelle où j'étois ; mon péril imminent à la fin de
1781, ma mort regardée alors comme inévitable,
ont pu faire croire que d'autres tentatives étoient
inutiles.

Et quand j'aurois pu me tromper fur des accidens auffi marqués, qui ne font pas encore ceffés
à beaucoup près ; quand ces appréhenfions & ces
fymptômes n'auroient été le fruit que d'une imagination trop vivement frappée, n'eft-ce pas déja
un véritable crime pour la *Baftille*, que d'occa-
fionner de femblables craintes, & de produire
une impuiffance abfolue de fe fouftraire aux ma-

nipulations fecretes qui pourroient les juftifier?

De plus, n'eft-ce pas dans tous les cas une vraie difpute de mots? Je veux bien fuppofer que dans un lieu où l'*Italien Exili* tenoit, il y a un fiecle, école de poifon, (27) l'on n'ait pas confervé quelques-unes de fes recettes, & qu'un crime de plus puiffe répugner à des hommes dont, encore une fois, la miffion fpéciale eft d'en commettre; mais un féjour de vingt mois, avec tous fes acceffoires dans un lieu où la vie n'eft qu'une fucceffion de morts, n'en attaque-t-il pas effentiellement la fource? Près de deux ans paffés dans ces cachots, fans air, fans exercice, dans les angoiffes de l'ennui, dans les convulfions de l'attente, ou plutôt du défefpoir, font-ils moins d'impreffion fur les organes que le venin le plus actif? Elle peut être plus lente: eft-elle moins fûre? Entre ces deux expédiens deftructeurs, y a-t-il d'autre différence que le tems?

Mais eft-on abfolument privé d'air & d'exercice, diront ceux qui ont lu les anciennes relations de la *Baftille*, & ceux mêmes qui s'y font promenés par curiofité; car on y admet les curieux: le Gouverneur, quoique logé au dehors, s'y rend fouvent pour recevoir fes vifites: tous les collègues depuis le *Lieutenant de Roi*, jufqu'au dernier *Marmiton*, y reçoivent les leurs: dans les jours de réjouiffance, de feux d'artifices, d'illuminations, on reçoit fur les tours, & même en foule, le public qui s'y rend pour jouir du coup-d'œil.

Dans ces occafions elles n'offrent que l'image du calme & de la paix: tous ces fpéculateurs étrangers ignorent ce qui fe paffe, ce qui eft renfermé fous ces voûtes impénétrables dont ils admirent les dehors : tel d'entr'eux foule aux pieds le fépulcre de fon ami, de fon parent, de fon pere, qui le croit à deux cents lieues de lui, bien tranquille, occupé de fes affaires, ou livré à fes plaifirs.

Mais enfin tous ceux à qui l'on permet cette infpection extérieure, voyant un jardin affez vafte, des plates-formes très-élevées, où par conféquent l'air eft pur & la vue pitorefque, & entendant affurer que tout cela eft, dans les jours ordinaires, à l'ufage des prifonniers, fortent perfuadés que fi la vie n'eft pas douce à la *Baftille*, ces adouciffemens peuvent cependant la rendre fupportable. Cela pouvoit être autrefois : voici ce qui eft arrivé depuis peu.

Le Gouverneur actuel, nommé *De Launay*, eft un homme ingénieux, qui tire parti de tout : il a réfléchi que le jardin pouvoit être pour lui un objet d'économie intéreffant ; il la loué à un jardinier qui en vend les légumes & les fruits, & lui en paie une fomme fixe par an : mais pour n'être pas gêné dans fon marché, il a cru qu'il falloit en exclure les prifonniers : en conféquence il eft venu une Lettre fignée *Amelot*, qui défend le jardin aux prifonniers.

Quant aux plates-formes des tours, quoiqu'à l'élévation où elles font, il foit à-peu-près impoffible d'y être reconnu, ou de reconnoître : cependant comme elles donnent fur la rue *St. Antoine*, dont on n'a pas encore chaffé le public, on ne permettoit ci-devant aux prifonniers de s'y promener que fous l'efcorte d'un des géoliers de la maifon, foit *Porte-clef*, foit *Officier*.

Ils ont trouvé dans ces derniers tems, c'est-à-dire depuis environ trois ans, que ces corvées les gênoient; d'ailleurs il en résultoit des conversations avec le factionnaire : la vigilance de M. *De Launay* en a pris l'allarme. En partie par condescendance pour la paresse de ses collègues, en partie par égard pour ses soupçons, il est venu une Lettre signée *Amelot* qui interdit les plates-formes, comme le jardin.

Reste donc pour la promenade *la cour* du château : c'est un carré long de seize toises sur dix. Les murailles qui la ferment ont plus de cent pieds de haut, sans aucune fenêtre : de sorte que dans la réalité c'est un large puits, où le froid est insupportable l'hyver, parce que la bise s'y engouffre; l'été, le chaud ne l'est pas moins, parce que l'air n'y circulant pas, le soleil en fait un vrai four. C'est-là le *Lycée* unique où ceux des prisonniers à qui l'on en accorde la faculté (car tous ne l'ont pas) peuvent, chacun à leur tour, se dégorger pendant quelques momens de la journée de l'air infect de leur habitation.

Mais il ne faut pas croire que l'art de martyriser qui les rend si douloureuses se relâche même pendant ces courtes absences. D'abord on conçoit quelle promenade ce peut être qu'un semblable espace, sans abri quand il pleut; où l'on n'éprouve des élémens extérieurs que ce qu'ils ont de fâcheux; où dans l'apparence d'une ombre de liberté, les sentinelles dont on est entouré, le silence universel, & l'aspect de l'horloge à laquelle seule il est permis de le rompre, ne rappellent que trop la servitude.

C'eſt une remarque curieuſe. L'horloge du château donne ſur cette cour. On y a pratiqué un beau cadran : mais dévinera t-on quel en eſt l'ornement, quelle décoration l'on y a jointe ? Des fers parfaitement ſculptés. Il a pour ſupport deux figures enchaînées par le col, par les mains, par les pieds, par le milieu du corps : les deux bouts de ces ingénieuſes guirlandes, après avoir couru tout autour du cartel, reviennent ſur le devant former un nœud énorme ; & pour prouver qu'elles menacent également les deux ſexes, l'artiſte guidé par le génie du lieu, ou par des ordres précis, a eu grand ſoin de modeler un *homme* & une *femme* : voilà le ſpectacle dont les yeux d'un priſonnier qui ſe promene ſont récréés : une grande inſcription gravée en lettres d'or ſur un marbre noir, lui apprend qu'il en eſt redevable à M. *Raymond Gualbert de* SARTINES, &c. (28).

Et ne penſez pas qu'il en jouiſſe autant qu'il le voudroit. On meſure avec économie le tems où il lui eſt permis de venir y lever les yeux vers le Ciel, qu'il ne découvre qu'à moitié. Cette meſure dépend du nombre des aſpirans. Comme l'un ne deſcend jamais que l'autre ne ſoit remonté ; & que, grace aux lettres ſignées *Amelot*, cet entonnoir commun eſt le ſeul qui reſte à leur partager ; ſi la *Baſtille* eſt fort peuplée, les portions ſont plus petites. Je m'appercevois de l'arrivée d'un nouvel hôte, ou d'un nouveau promeneur, par le contingent que l'on me faiſoit fournir à ſes plaiſirs.

Mais gardez-vous d'imaginer encore que la jouiſſance de ce ſoulagement ainſi modifié ſoit paifible & complette. Cette cour eft l'unique chemin de la cuifine, des vifites que reçoivent les officiers du château ; c'eft par-là que paffent les pourvoyeurs de toute efpece, les *ouvriers*, &c. Or comme il faut fur-tout qu'un prifonnier foit invifible, & qu'il ne voie rien, quand il fe préfente des étrangers, on l'oblige de s'enfuir dans ce qu'on appelle le *Cabinet* : c'eft un boyau de douze pieds de long, fur deux de large, pratiqué dans une ancienne voûte ; c'eft-là le *Cabinet*, où à l'approche d'une botte d'herbes, il faut fe récéler au plus vîte, avec le foin d'en fermer fcrupuleufement la porte fur foi ; car au moindre foupçon de curiofité, la moindre punition feroit une clôture abfolue ; & ces alternatives font fréquentes : j'ai fouvent compté que fur une heure, durée de la plus longue promenade, il y avoit trois quarts d'heure confumés dans l'inaction humiliante & cruelle du *Cabinet*.

J'ignore fi cette police eft juftifiée par une Lettre fignée *Amelot* ; mais il eft fûr qu'elle eft nouvelle. Jufqu'à ces derniers tems, paffé neuf heures du matin aucun étranger n'étoit admis dans la cour fans la plus preffante néceffité : les provifions étoient faites ; les vifites fe recevoient au dehors ; & le manége du *Cabinet* n'avoit lieu que pour des occafions férieufes qui fembloient l'excufer.

Enfin ce n'eft pas tout : cette promenade même fi infuffifante, fi cruellement modifiée, devenue, comme le refte, un fupplément de fouffrance, plutôt qu'une confolation, elle eft fufpendue journellement, & arbitrairement. Si un curieux demande à voir la *Baftille* ; s'il y a quelques réparations qui exigent le paffage d'un ouvrier ; fi M. le Gouverneur a un grand dîner, ce qui néceffite l'entrée & la fortie de fes laquais, attendu que fa maifon eft dehors, & fa cuifine au dedans ; pour tous ces cas il n'y a *point de promenade*.

En 1781, dans les chaleurs qui ont rendu mémorable l'été de cette année, accablé de la faifon, & d'un vomiffement de fang, d'une foibleffe d'eftomac qu'elle n'avoit pas caufée, mais qu'elle entretenoit, j'ai paffé les mois de *Juillet* & d'*Août* entiers fans fortir de ma chambre ; le prétexte étoit un travail qui fe faifoit fur les plates-formes : les ouvriers auroient pu y monter par dehors, & ils y montoient : on n'avoit befoin de faire traverfer la cour qu'aux pierres qu'il falloit leur fournir : cette opération auroit pu fe faire, comme autrefois, tous les jours le matin avant neuf heures : M. *de Launay* avoit trouvé que cela feroit gênant ; il lui paroiffoit plus court de dire, *point de promenade* ! & il n'y a pas eu de *promenade*.

Pour apprécier cette privation, il faut fonger qu'elle vient à la fuite de toutes celles par lefquelles il eft poffible de bourreler des hommes, fans exception ; il faut fonger que par-là, non-feulement on expofe un prifonnier à des périls phyfiques, on néceffite l'altération de fa fanté ; mais que le mouvement du corps étant fa feule reffource pour endormir un peu les convulfions de fon ame, en la lui ôtant on rend celles-ci plus poignantes ; que quand il n'y a pas une minute dans la journée pour changer au moins d'angoiffe, fon cœur toujours groffi par les foupirs femble heurter plus douloureufement les murs qui le preffent de toutes parts.

Auffi dans les prifons de la juftice ordinaire, cette rigueur eft regardée comme la plus fâcheufe de toutes celles qu'il lui foit permis d'employer contre les coupables qu'elle doit convaincre. Le *Secret*, c'eft-à-dire une réclufion abfoiue, n'a lieu que dans les courts intervalles où elle craint que des relations extérieures ne portaffent juf-qu'à l'accufé des lumieres favorables au crime : il eft motivé par la fituation des lieux, & plus encore par les égards pour l'humanité, qui laif-fant à tous les prifonniers une libre communi cation entr'eux, ne permet de la fufpendre en-vers un feul, qu'en l'ifolant pour le moment, en le tenant hors de la portée des autres, tant que dure le motif de la fufpenfion ; il faut bien interdire la *promenade* à celui-là feul, fi l'on ne veut pas l'enlever à tous.

Et encore cette inaction paffagere eft bien adoucie par lui, fur-tout s'il eft innocent, par les progrès de l'inftruction ; il voit fes juges, fes accufateurs, fes témoins : il fait ce qu'on lui objecte. Tant qu'on l'interroge, tant qu'on le confronte, il n'eft pas feul : & quand il fort d'un de ces combats, la folitude qui les fépare lui devient précieufe, néceffaire même pour fe difpofer à en foutenir un fecond.

Mais à la *Baſtille* aucun de ces motifs, ou de ces foulagemens ne peut avoir lieu. Le *Secret* y eft perpétuel : toutes les promenades font foli-taires, comme la demeure : elles ne peuvent donc apporter aucun obftacle aux fuccès de l'inftruction, quand il y en a une, à sa facilité, à son impénétrabilité. Dans ce cas même, les prohiber arbitrairement; priver un prisonnier de la seule minute du jour où il puisse lever ses yeux noyés de larmes vers le soleil qui semble le fuir; ce seroit l'excès de l'injustice, comme de la cruauté.

Qu'est-ce donc quand il n'y a pas d'instruction encore une fois; quand cette prohibition tombe sur des hommes contre qui la haine & la vengeance ne peuvent même trouver le prétexte d'une procédure; quand elle est soutenue des mois entiers; quand elle dépend des caprices d'un satellite aussi lâche que barbare, qui, tout fier de pouvoir impunément outrager dans son fort des hommes honnêtes, ne se croit honoré que quand il insulte à leurs miseres, & puissant que quand il les déchire?

On dira que ces dernieres particularités tiennent au caractere des Chefs actuels plutôt qu'à la constitution fondamentale de la maison. Cela est vrai; elle auroit bien assez de croix par elle-même, quand un caprice passager n'y ajouteroit pas celles-là; mais il les y ajoute: aussi ai-je annoncé d'avance que depuis peu d'années les barbaries de la *Bastille* s'étoient accrues. Autrefois on s'occupoit des prisonniers, aujourd'hui l'on s'en joue.

Et, ce qui paroîtra peut-être bien étrange, les additions, ou inhumaines ou honteuses, dont on enrichit ce régime déja si honteux, si inhumain par lui-même, s'étendent jusqu'aux mercenaires qu'il emploie: autrefois, comme je l'ai observé, les officiers de l'*Etat Major* jouiſſoient du droit de voir chacun, ſeuls, & quand ils le jugeoient à-propos, les priſonniers confiés à leur vigilance commune. Etant réputés tous également fideles, leurs viſites particulieres n'inſpiroient ni ſoupçons ni allarmes ; & comme ils ſont quatre, il s'en trouvoit de tems en tems quelqu'un moins impitoyable, qui conſacroit quelques momens de ſa journée à des converſations toujours précieuſes pour ceux qui les partageoient.

Cette condeſcendance a déplû au Miniſtère préſent : il eſt venu une Lettre toujours ſignée *Amelot*, qui a défendu aux officiers d'entrer jamais ſeuls dans les tours : il faut qu'ils y aillent au moins deux, non compris le *Porte-clef* : les viſites du Médecin ſont ſujettes à la même formalité : il n'eſt plus permis à ces dogues de marcher qu'accouplés.

Ce régime monacal a produit l'effet qu'on en attendoit, c'eſt-à-dire la ceſſation abſolue de ces viſites. Dans une meute de cette eſpèce deux ames également compatiſſantes ſont difficiles à trouver. D'ailleurs il faudroit ſe concerter, ſe tenir prêts pour la même minute : de plus ils ne s'aiment pas entr'eux : ils ſont jaloux les uns des autres : ils ſe défient les uns des autres : flétris, même à leurs propres yeux, par leur abominable métier, ils tremblent des interprétations que pourroient donner aux choſes les plus ſimples l'adjoint, ou plutôt l'eſpion qui doit les ſuivre : enfin cette innovation étant un indice d'augmentation de dureté dans le Miniſtère, elle eſt devenue pour eux un motif d'augmentation d'inſenſibilité. Ainſi ce léger adouciſſement eſt encore banni de la *Baſtille*, & il ne l'eſt que depuis trois ans.

Voilà ce qu'y eſt la ſanté. Peut-être voudra-t-on ſavoir ce qu'y devient une maladie. Le Lieutenant de Police d'*Argenſon*, écrivant au commencement de ce ſiècle à Madame de *Maintenon*, au ſujet des priſons d'état, lui diſoit : » Je puis & je dois vous aſſurer que les priſonniers n'y ont rien à déſirer pour la *nourriture* & le *vêtement* (29). J'ajouterai que les » Commandans de la *Baſtille*, & de *Vincennes*, » ont pour les leurs des attentions CHARITABLES qui vont fort au-delà de ce qu'on pourroit leur propoſer ou leur preſcrire : à la » moindre maladie, on leur donne tous les ſecours ſpirituels ou temporels qui conviennent » à leur état ; mais la privation *de la Liberté* » *les rend inſenſibles à tout autre bien* "........

Quoiqu'il ſoit permis de trouver un peu étrange le rapprochement de ces deux mots, la *Charité*, & la *Baſtille*, quoiqu'on puiſſe ſoupçonner par le ſang-froid de la derniere phraſe que le lieutenant de Police d'*Argenſon* en parlant ainſi, tenoit le langage d'un *Lieutenant de Police*, c'eſt-à-dire d'un homme voué par état à ces barbaries, & obligé de donner raiſon à ceux que leur profeſſion rend ſes complices néceſſaires ; rien n'empêche cependant de ſuppoſer qu'il y avoit dans ſes aſſertions quelque choſe de vrai : mais en ce cas tout eſt bien changé : ce ne ſeroit qu'une preuve de plus de la dépravation introduite depuis peu dans ces lieux où dès le commencement on auroit pu la croire à ſon comble.

D'abord, pour les incommodités paſſagères, ou les attaques ſubites qui ſe guériſſent avec du ſoin & des ſecours prompts, il ne faut plus en avoir, ou il faut y ſuccomber, ſi elles ſont férieuſes : il n'y a point de ſecours à at-tendre du moins dans la nuit. Chaque cham-bre eſt fermée de deux portes épaiſſes, ferrées par dehors & par dedans ; & chaque tour en a une plus épaiſſe, mieux renforcée encore. Les *Porte-clefs* couchent dans une piece éloignée, abſolument iſolée : il n'y a point de voix qui pût pénètrer juſqu'à eux.

On a la reſſource de frapper à la porte : mais une apoplexie, un coup de ſang, en laiſſeroient-ils la force ? Il eſt douteux même qu'en frappant on fût entendu, ou que ces gens une fois couchés vouluſſent entendre.

Il y a cependant pour ceux à qui le mal auroit laiſſé l'uſage de la voix & des jambes un moyen d'appeller du ſecours. Le foſſé qui enveloppe le château n'a qu'environ cent cinquante pieds de large : le revêtement du côté oppoſé eſt couronné d'une galerie qu'on appelle le *chemin des rondes*, où ſont établies des ſentinelles. Les fenètres donnent ſur ce foſſé ; il n'eſt pas impoſſible au malade de crier à l'aide ; & ſi la grille intérieure qui bouche ſon ſoupirail, comme on l'a vu, n'eſt pas trop avancée en dedans ; s'il a la voix forte ; s'il ne fait pas de vent ; ſi le ſentinelle ne dort pas, il n'eſt pas impoſſible qu'il ſoit entendu.

Alors le ſoldat crie à ſon voiſin, qui crie plus loin. L'allarme en circulant arrive au corps-de-garde : le caporal de ſervice vient voir *ce qu'il y a*; inftruit de quelle fenêtre eft parti le gémiffement, il retourne paffer par la porte, ce qui confume du tems : il entre dans l'in-térieur; il va réveiller un *Porte clef*, qui va réveiller le laquais du *Lieutenant de Roi*, qui va réveiller fon maitre, pour avoir la clef : car toutes, fans exception, font dépofées chaque foir chez cet officier. Il n'y a point de place de guerre où le fervice foit plus régulier qu'à la *Baftille* ; & à qui fait-on la guerre ?

On cherche la clef : on la trouve. Il faut encore aller éveiller le *Chirurgien* : il faut éveiller le *Frére Chapeau* qui doit completter l'ef-corte. Il faut que tous ces gens-là s'habillent : au bout de deux heures la troupe fe rend à grand bruit chez le malade.

On le trouve, ou baigné dans fon fang, s'il en vomit, & fans connoiffance, comme il m'eft arrivé ; ou fuffoqué par fon apoplexie, comme cela eft arrivé à d'autres. J'ignore quel parti l'on prend quand il eft mort fans reffource : s'il lui refte un peu de refpiration, ou s'il en re-prend, on lui tâte le pouls ; on lui dit d'avoir patience, qu'on écrira le lendemain au Médecin, & on lui fouhaite le bon foir.

Or ce Médecin, fans l'aveu duquel le Chi-rurgien-Apothicaire de la maifon n'oferoit pas donner une pilule, demeure aux *Thuileries* ; c'eft-à-dire à trois milles de la *Baftille*. Il a des pratiques : il a une charge chez le *Roi*, une autre chez *Monfieur*. Il eft fouvent à *Verfailles* pour fon fervice : il faut l'attendre. Il vient enfin : mais il eft payé à l'année, & payé également pour ne rien faire, comme pour agir : quelque honnête qu'il foit, il doit être porté naturellement à trouver la maladie légère, afin que les vifites foient moins exigibles. On eft d'autant plus porté à le croire qu'on l'eft auffi à foupçonner de l'exagération dans les plaintes du prifonnier ; que la négligence de fa parure, l'abbattement habituel de fa perfonne, le ferrement non moins habituel de fon cœur ne permettent pas de remarquer d'altération fur fon vifage, ni dans fon pouls ; l'un & l'autre font toujours ceux d'un malade ; ainfi il a la triple douleur, 1°. de fon mal ; 2°. de fe voir foupçonné d'impofture, & l'objet des railleries, ou des duretés des officiers, car les monftres dans ces cas-là s'en permettent ; 3°. d'être privé de tout foulagement jufqu'à ce que la maladie devienne affez violente pour le mettre en danger.

Alors même fi on lui donne quelques remedes, ce n'eft pour lui qu'un tourment de plus : il faut fonger à la police de la maifon : chaque prifonnier enfermé à part, feul jour & nuit, malade ou en fanté, ne voit comme je l'ai déja dit, fon *Porte-clef* que trois fois par jour. Lui donne-t-on un médicament ? On le pofe fur fa table, & l'on s'en va. C'eft à lui à le faire chauffer, à le préparer, à fe gouverner quand il opère, heureux fi le Cuifinier dérogeant à la règle a la générofité de lui réferver un bouillon, le Porte-clef de le lui porter, & le Gouverneur celle de le permettre. Voilà comme font traités les malades ordinaires, ceux qui confervent affez de force pour fe traîner du lit à la cheminée.

Mais quand ils font à l'extrèmité, accablés au point de ne pouvoir quitter la couche vermoulue où ils gifent, on leur donne une *garde*. Et qu'eft-ce que cette garde? Un foldat invalide, lourd, groffier, brutal, incapable d'attentions, de foins, de rien de ce qui eft néceffaire à un malade: mais il y a bien pis, c'eft que ce foldat une fois attaché à vous ne peut plus vous quitter; il devient prifonnier lui-même: ainfi il faut d'abord acheter fon confentement, & le déterminer à s'enfermer avec vous tant que durera votre captivité; & fi vous en revenez, il faut vous réfoudre à fupporter l'humeur, le mécontentement, les reproches, l'ennui de ce compagnon qui fe venge bien fur votre fanté des fervices apparens qu'il a prètés à votre maladie. Appréciez maintenant la fincérité du Lieutenant de Police d'*Argenfon*, quand il parloit des fecours temporels de la *Baftille*, & de la *Charité* des Gouverneurs.

Quant au *Spirituel*, fi ces hommes de fer, incapables de pudeur, ou de pitié, l'étoient au moins de remords, oferoient-ils même prononcer ce mot? Peut-il rappeller autre chofe que leurs outrages à la religion? Ils ne la refpectent pas plus que l'humanité.

D'abord ne va point qui veut à la *Meffe*, à la *Baftille*; c'eft une grace fpéciale, une faveur exquife, qui n'eft accordée qu'à un petit nombre d'élus. J'avoue qu'elle m'a été offerte: le premier jour on m'invita; on me conduifit aux *Tribunes* où il faut être caché pour en jouir: je n'y reftai pas long-tems. Ce que la fervitude & les fers ont de plus horrible vous fuit, vous accable jufqu'au pied de l'autel.

O

On traite la Divinité à la *Baftille*, auffi lefte-
ment que fes images. La *Chapelle* eft le def-
fous d'un colombier garni de pigeons que nourrit le *Lieutenant de Roi* : elle peut avoir fept
à huit pieds en quarré. Sur une des faces on a
conftruit quatre petites cages, ou niches, qui ne
peuvent contenir jufte qu'une perfonne; elles
n'ont ni jour, ni air, que quand la porte eft ou-
verte, ce qui n'arrive qu'au moment où l'on y
entre, & où l'on en fort. C'eft là qu'on ferre le
malheureux dévôt: au moment du facrifice on tire
un petit rideau qui couvre une lucarne grillée,
par laquelle il peut, comme par le tuyau d'une
lunette, découvrir le célébrant. Cette maniere
de participer aux cérémonies de l'*Eglife* m'a paru
fi honteufe, & fi affligeante, que je n'ai pas
fuccombé deux fois à la tentation d'en avoir le
fpectacle.

Pour les *Confeffions*, &c. j'ignore comment on
s'arrange; & je ne crois pas qu'il y ait beaucoup
de captifs, mème dévôts, qui cèdent à l'envie
d'ufer de cette reffource. Le Confeffeur fait partie
de l'*Etat Major* : il eft officier de la maifon.
On peut apprécier quelle fûreté il y auroit à être
fincère avec lui, fi l'on avoit des reproches fé-
rieux à fe faire. Son office n'eft donc qu'un piège,
ou une dérifion. Je ne conçois pas comment on
a l'audace de propofer aux prifonniers de la *Baftille* d'ouvrir leur ame à un lâche prévaricateur
qui proftitue ainfi la dignité de fon caractère; ni
comment lui-même foudoyé par le pouvoir terreftre qui les opprime, oferoit leur parler au nom du
Ciel qui le défavoue.

Je ne puis pas parler de ce qui arrive quand

on meurt, confeſſé ou non; j'ignore dans ce cas
comment on ſe venge ſur le corps de la fuite de
l'ame, & dans quel dépôt on jette ces cendres
immobiles, quand on eſt bien ſûr de ne pouvoir
plus les tourmenter. Ce qui eſt ſûr, c'eſt qu'on
ne les rend pas à leurs familles. Certainement depuis que la *Baſtille* exiſte, elle a vu des funérailles:
connoît-on un extrait mortuaire qui en ſoit daté,
hors celui du *Maréchal de Biron*? Ces familles
ſont donc impitoyablement livrées à la confuſion
qui réſulte de l'abſence de leur chef: après en
avoir ſouffert tant qu'il exiſte, on leur envie juſqu'au triſte remède que produiroit la certitude de
ſon ſort.

Lecteurs dont cette deſcription n'a que trop
ſouvent ſerré le cœur, vous croyez être au bout.
L'imagination ne vous paroît pas pouvoir aller
dans l'art de créer des ſupplices au-delà des raffi-
nemens multipliés que je viens de vous dépeindre.
Un aréopage de bourreaux s'indigneroit en ſon-
geant au ſang froid avec lequel ces diſpoſitions
ont été réfléchies, combinées; au calme avec lequel on les exécute. Eh bien, voici quelque choſe
de plus fort: voici un trait qui m'eſt perſonnel,
& qui paſſe tout ce que vous venez de voir.

Depuis le 27 Septembre 1780, juſqu'en Octobre 1781, c'eſt-à-dire pendant DOUZE MOIS,
j'étois reſté non-ſeulement dans une privation
abſolue de toute eſpece de correſpondance au
dehors, ou avec une correſpondance pire encore
que la privation, comme on le verra plus bas;
mais dans une ignorance non moins abſolue de
ce qui s'y paſſoit en général, ou relativement à
moi: on ne m'avoit laiſſé parvenir que les nou-

velles propres à augmenter mon défefpoir, à m'enlever jufqu'à l'attente d'un avenir moins affreux. Plufieurs même, par un raffinement auquel on tremble de donner une épithète, étoient fauffes, fabriquées uniquement pour m'induire en erreur, & pour rendre cette erreur plus amère, ou plus funefte. (*Voyez la note 7.*)

Ainfi on me difoit à moi même, journellement, *& en riant*, que je ne devois plus m'inquiéter de ce qui fe paffoit dans le monde, parce *qu'on m'y croyoit mort ;* on pouffoit le badinage jufqu'à me détailler les circonftances qu'une rage forcenée, ou une horrible légéreté ajoutoit à ma prétendue fin. On m'affuroit que je n'avois rien à attendre de l'empreffement & de la fidélité de mes amis, moins encore parce qu'ils étoient trompés comme les autres fur mon exiftence, que parce qu'ils m'avoient *trahi* : cette double impofture avoit pour objet, non-feulement de me tourmenter, mais tout à la fois de me donner une confiance fans réferve pour le feul traître que j'euffe en effet à redouter, & qu'on me préfentoit fans ceffe comme le feul fidèle ; & de pénétrer par la maniere dont je recevrois ces infinuations, fi j'avois en effet quelques fecrets qui m'expofaffent à des trahifons.

En Octobre 1781, l'accouchement de la *Reine* m'avoit donné quelques lueurs d'efpérance. On n'avoit pas pu me cacher cette nouvelle: j'avois fur ma tète le canon chargé de la publier, & fous les yeux les réjouiffances qu'elle produifoit. Ces événemens étant toujours en *France* l'époque de la remiffion même des crimes, l'idée me vint que celui-là pourroit être favora-

ble à l'innocence. J'écrivis une courte lettre à
M. le Comte de *Maurepas* : connoissant son caractère, j'eus la force de la faire gaie, & prefque plaisante. Il en avoit paru touché : il s'étoit
montré difposé à feconder la voix publique dé-
terminée enfin en ma faveur. Ce changement
dans fes difpofitions ne me fut pas caché ; mais
de peur qu'il n'en réfultât des illufions trop con-
folantes, on eut foin de m'apprendre en même
tems *qu'il étoit mort*, & mort fans avoir rien fait
pour moi.

Enfin, en Décembre 1781, ma conftitution
cédant à tant de maux, & d'épreuves ; les manipulations phyfiques & chymiques qui depuis
quinze mois fe joignoient aux morales pour
la détruire, ayant produit leur effet ; me trouvant attaqué de maniere à ne pouvoir plus me
flatter même de difputer ma vie davantage ; fen-
tant à chaque minute approcher celle où j'allois
perdre, non pas la lumiere que je ne voyois
point, mais la fenfibilité qui faifoit de mon
exiftence le plus cruel des fupplices, j'ai défiré
de faire un TESTAMENT. Il falloit pour cela une
permiffion expreffe : je l'ai demandée : j'ai fupplié
les Miniftres de me permettre de voir l'officier
public qui feul pouvoit conftater mes dernieres
volontés, & le dépofitaire de qui feul je pouvois
tenir les connoiffances indifpenfables pour ne pas
faire des difpofitions illufoires.

J'ai réitéré journellement pendant deux mois
qu'a duré mon danger, les inftances les plus
vives, les plus attendriffantes. j'ofe le dire, à ce
fujet. Le Médecin de la *Baftille* a eu la complai-
fance de porter lui-même au *Lieutenant de Po-*

lice, organe immédiat du Miniſtère en ce genre, une atteſtation de mon état, & du péril imminent que je courois: un refus impitoyable a été l'unique réponſe: de ſorte que, traité comme mort depuis quinze mois ; privé de toutes les facultés des vivans ſans exception, hors celle de ſouffrir, je perdois juſqu'à l'eſpoir de jouir, quand j'aurois en effet ceſſé de vivre, des derniers droits qu'en aucun pays on ne refuſe aux morts, du moins à ceux que des arrèts ſolemnels n'ont point dégradé.

C'eſt ainſi que j'ai paſſé les mois de Décembre 1781, & de Janvier 1782 entiers, dans la perſuaſion chaque ſoir, que je ne verrois pas le lendemain ; & chaque matin que je n'entendrois pas annoncer la fin du jour, par l'horloge lugubre qui dans cette nuit éternelle marque ſeule la diviſion des tems ; &; qu'on y ſonge, cette attente toujours trompée, devenoit ſans ceſſe de plus en plus douloureuſe, par le ſentiment du caprice qui m'envioit juſqu'à la ſatisfaction de laiſſer après moi des traces de bienfaiſance, & des marques de ſouvenir aux amis qui pourroient encore chérir le mien.

Voilà un fait: pourra-t-on donner un motif?

On ne peut pas m'objecter le régime de la maiſon, les prétendues loix de cet écueil de toutes les loix: non - ſeulement le délire oppreſſif n'y eſt pas porté juſqu'à l'excès de faire du refus des actes civils une règle dont on ne puiſſe s'écarter: mais il fait quelquefois à ſes victimes une néceſſité de ces actes: la *Baſtille* a un rotaire bréveté: il peut donc en général y exercer ſes fonctions: moi-même on m'avoit dans les premiers tems, non pas permis, mais forcé de l'employer.

L'*Exempt* de la Cour de *France*, quoique fécondé par le Miniſtre Plénipotentiaire de la *Police* de *Paris*, ayant échoué dans la pourſuite de mes papiers, &c. à *Bruxelles*; un troiſieme adjoint envoyé à leur ſecours n'ayant pas d'abord mieux réuſſi, parce qu'il y a des loix dans ce pays, & qu'elles y ſont reſpeſtées, on m'a arraché une *procuration* notariée qui a enfin produit une partie de ce que l'on deſiroit : ſi pour pénétrer dans mes ſecrets, & me chercher des crimes, ou s'emparer de mes dépouilles, on avoit pu ſans bleſſer le Code de la *Baſtille*, emprunter le miniſtère d'un officier public, il n'y avoit pas plus d'impoſſibilité ſans doute, ou de danger, à me le permettre pour règler la diſpoſition de ce qu'on m'avoit laiſſé : un *Teſtament* n'étoit pas plus illicite qu'une *Procuration*.

Quand il y auroit eu contre moi une accuſation, des indices, une procédure commencée, n'y ayant pas de jugement, le refus du pouvoir de *teſter*, & par conſéquent une confiſcation anticipée, auroit paru une atrocité ſcandaleuſe autant que criminelle : comment faut-il donc le regarder, ou le qualifier, dans la poſition où j'étois; car on ne doit pas l'oublier, n'ayant ni juges, ni procès, ni délits, ni accuſateurs ? N'eſt-ce pas-là le dernier abus du pouvoir, & une des plus fortes preuves de la barbarie avec laquelle on ſe joue à la *Baſtille* de l'exiſtence des citoyens ?

Et qu'on ne diſe pas, je le répète, que la *Baſtille* étant excluſivement deſtinée à renfermer des *Criminels d'Etat*, le régime n'en peut être trop févère, ni trop miftérieux ; qu'ainfi l'accroiffement de rigueur que je lui reproche, feroit dans fon genre une efpèce de perfection, puifqu'on ne peut prendre trop de mefures pour convaincre, pour déconcerter des perfonnages dangereux, dont la liberté pourroit entraîner la fubverfion de la Patrie.

Non ; cela n'eft pas vrai : ce n'eft pas, dans ces derniers tems fur-tout, aux *Criminels d'Etat* que la *Baftille* eft réfervée ; la légèreté avec laquelle on l'ouvre, s'eft redoublée dans la même proportion que l'inhumanité avec laquelle on la régit. Depuis un petit nombre d'années, elle femble être le préliminaire des *affaires civiles* les plus communes, les moins fufceptibles par leur objet & leur iffue, de cet étrange & terrible début. Elle eft devenue, en quelque forte, l'Antichambre de la *Conciergerie*.

Une femme de qualité eft foupçonnée d'avoir fabriqué ou commercé de *faux billets :* on la met à la *Baftille*.

Un fou revêtu d'une robe de Magiftrat à *Paris*, accufe une marchande de fayence de *Lyon*, d'avoir été la confidente pécuniaire d'une fociété difparue depuis long-tems : on la met à la *Baftille*. Relâchée après l'évanouiffement de cette ombre abfurde, elle fe brouille, pour des difcuffions domeftiques, avec un premier commis, qui a intérêt perfonnellement de la perdre : on la remet à la *Baftille*.

Un fubalterne eft accufé d'avoir commis des faux dans le maniement des affaires d'une grande maifon ; mais des faux d'une efpèce qui affuré-

ment n'intéressoient pas la monarchie : on le met
à la *Bastille*.

Voilà le fort qu'ont eu Mde. *de St. Vincent*,
la De. *Roger*, le Sr. *Le Bel*. Etoient-ce-là des
Prisonniers d'Etat ? Quel étoit donc l'objet du
régime funéraire auquel on les soumettoit?

Tous ont été renvoyés devant les juges ordinaires : mais à l'instant du renvoi on n'avoit
pas la preuve de leur innocence ; bien loin de-
là, on doit croire qu'elle paroissoit plus problématique, puisqu'on les livroit aux lenteurs dif-
pendieuses de la justice régulière, & à une ac-
cusation réfléchie, intentée, approfondie dans
les formes. Il falloit donc que les éclaircissemens antérieurs à leur renvoi leur fussent plus
contraires que favorables : ils étoient donc, en
fortant de ce gouffre funeste, plus suspects qu'en
y entrant : & cependant c'est à leur entrée qu'on
les accable du régime de la maison ! ce n'est que
quand on n'a plus de droit de les présumer coupables, qu'on les en affranchit ! On leur rend
une demi liberté, quand on les abandonne à une
instruction qui semble former un indice con-
tr'eux ; on la leur avoit ôtée entière, en joi-
gnant à cette perte tous les accessoires de la *Baftille*, avant que de procéder même aux préliminaires de l'instruction.

Il y a plus : les vrais *Prisonniers d'Etat*, ceux
qui arrivent à la *Bastille* chargés de fers que le
prétexte du bien public peut justifier, & pour-
suivis par une clameur que des fautes précéden-
tes peuvent excuser, y trouvent des douceurs inconnues, des égards refusés à tous les autres.

J'ignore, par exemple, quel étoit le grief

qui y a conduit quelque tems avant moi un homme affocié clandeftinement aux expéditions de la marine *Françoife*. Je fuis fort éloigné d'affirmer qu'il méritât ce fort : mais il n'eft pas poffible que le titre d'accufation au moins, fur lequel la *Lettre-de-cachet* a été expédiée contre lui, ne fut grave. Il avoit eu part à des opérations délicates, & dont le fuccès n'avoit pas répondu aux efpérances, peut-être à fes promeffes. Le Miniftre qui l'employoit, accoutumé par fon ancien métier à regarder l'efpionage comme le plus beau champ du génie miniftériel, & l'arme la plus fûre d'un gouvernement, croyant mener la *Marine* comme la *Police*, & fe flattant de maitrifer les flottes *Angloifes* comme les jeux de *Paris*, l'avoit-il créé fon fubftitut dans ces flétriffantes fonctions ? Avoit-il, comme on l'a cru, commis pour doubler fes profits une double trahifon, toujours à craindre de la part de ces fortes d'agens ? Chargé de commiffion par la *France* pour acheter les fecrets de l'*Angleterre*, avoit-il vendu à l'*Angleterre* ceux de la *France ?* Ou bien fon protecteur ayant malentendu fes avis; ou, comme on l'a dit auffi, ayant eu des motifs perfonnels pour les négliger, avoit-il cru à la vue des fuites de fon ineptie, ou de fa prévarication, devoir en rejetter la caufe fur le fubalterne, & feindre de foupçonner l'intégrité de celui-ci, pour couvrir fa propre incapacité, ou pis encore ? Je n'en fais rien.

Ce qui eft fûr, c'eft que fon ancien protégé n'a connu des fupplices de la *Baftille*, que la perte de la liberté : c'eft que dès le premier moment il y a eu des livres, des correfpondances: c'eſt que tous les jours, dans le tems où un ſilence impoſteur, autant qu'effrayant, donnoit à mes amis de trop juſtes allarmes, il y recevoit des viſites; c'eſt qu'en ayant eu le ſoupçon, & m'étant permis, pour m'en aſſurer, d'en hazarder le reproche dans une des rares & courtes entrevues que m'a accordé le *Lieutenant de Police*, ami, comme on ſait, & créature de M. de *Sartines*; il m'a répondu, en convenant du fait, & rejettant les ménagemens dont on uſoit envers le priſonnier que je lui nommois, ſur ce que le Miniſtre auteur de ſa détention étoit BON; & ſur mon obſervation toute naturelle que la différence des traitemens auroit dû dépendre de la gravité des accuſations, & non de la bonté perſonnelle de chaque Miniſtre, il m'a ajouté ces mots remarquables: *Qu'il ne pouvoit qu'y faire; parce que perſonne ne s'intéreſſoit à moi.*

De ſorte que les horreurs de ma captivité, la redondance avec laquelle on m'a noyé de toutes les horreurs de la *Baſtille*, ne ſont venues que de n'avoir pas eu le bonheur d'être mêlé dans quelque intrigue obſcure & honteuſe, vraiment relative aux intérêts de l'*Etat*; de n'avoir pas été ſacrifié à un manège adroit, qui cachât l'indulgence ſous les ſymptômes apparens de la ſévérité; de n'avoir eu parmi les Miniſtres que des ennemis directs, perſonnels, & implacables, au lieu d'y avoir des complices; elles ſont venues du malheur de n'avoir eu pour protecteurs que des hommes honnêtes, pour ſolliciteurs que des amis délicats; enfin, d'avoir eu affaire à une *Lettre-de-cachet* ſignée *Amelot*, & non pas *Sartines*.

Qui auroit jamais cru que de ces deux Ministres M. de *Sartines* fût le *Bon homme* ?

Le régime de la *Baftille* n’eft donc ni inflexible, ni uniforme : même avec cette rigidité commune, il n’en feroit guère moins horrible, puifqu’il exerceroit une rigueur égale fur des délits différens ; &, ce qui eft encore plus affreux, fur l’innocence & fur le crime. Mais il n’a pas même cet abominable ftabilité : & il n’y déroge que dans le fens contraire à celui qu’indiqueroit la juftice.

L’exemple feul que je viens de citer, & le mien, prouvent qu’il eft fufceptible de modification ; qu’il eft fubordonné uniquement à la vengeance, au defir qu’ont les cœurs infernaux qui le dirigent de fervir le reffentiment ou les néceffités de leurs patrons ; ils prouvent que de même que le Miniftère de *France* a des magafins de *Lettres-de-cachet*, fignées d’avance, qu’il attend fans bruit le moment d’appliquer, il a auffi des réferves de douleurs qu’il ne déploie que quand l’ordre fatal a eu fon exécution ; ils prouvent qu’il y a à la *Baftille* un tarif de tortures pour chaque commenfal, comme il y en a un pour leur penfion ; & qu’en fixant au lâche Cantinier, qu’on charge de leur fubfiftance le prix des alimens deftinés à prolonger leur vie, on détermine auffi la mefure de fiel dont il doit l’empoifonner.

Le régime de la *Baftille* eft donc inftitué uniquement pour tourmenter ? & qui ? Des innocens reconnus, puifque des foupçons fondés motivent des égards, ou un renvoi. Au nom de qui ? Au nom du *Roi*, du magiftrat fuprême, du protecteur né de l’innocence, du gar-

dien de la foibleſſe; c'eſt ſon intervention plus
directe qui produit des effets plus cruels : c'eſt par
ſes ordres immédiats qu'on ſe prétend autoriſé à
ſoumettre un infortuné qui n'a offenſé, ni lui,
ni les loix, ni rien de ce qu'elles obligent de reſpecter, à des ſupplices inconnus dans les priſons
ordinaires, peuplées d'hommes coupables, ou du
moins accuſés de quelques-uns de ces attentats :
c'eſt de *par le Roi* qu'on lui preſſe la gorge de maniere à ne pas intercepter tout-à-fait ſa reſpiration,
mais à ne lui en laiſſer préciſément que ce qu'il faut
pour perpétuer ſon angoiſſe; qu'on rit de ſes convulſions; qu'on s'applaudit de ſes gémiſſemens ;
qu'on compte comme autant de victoires les ſoupirs prolongés que la douleur lui arrache : c'eſt le
Roi qu'on ne frémit pas de donner pour auteur de
ces prévarications barbares qu'il ignore, de ces vengeances miniſtérielles que ſon cœur déſavoue.

Oui, vous les ignorez, ô Vous que la Nature
m'avoit donné pour maître, & que vos vertus
m'auroient donné pour protecteur, ſi l'innocence avoit autant d'accès auprès du trône que
la calomnie; Vous dont l'eſtime étoit la plus flat-
teuſe récompenſe, & le plus puiſſant encouragement de mon travail; Vous dont l'ame honnête
& franche n'avoit été ni effrayée de ma promeſſe
de dire toujours la vérité, ni rebutée de mon exactitude à la remplir !

Vous ne les connoiſſez pas, ces cachots qui
cependant ne s'ouvrent, & ne ſe ferment qu'à
votre nom ; où l'on ne ſent que l'on exiſte,
que parce que l'on ſouffre; & dont l'eſpérance
même eſt ſouvent exclue : ils engloutiſſent journellement des citoyens irréprochables, des ſujets

fidèles, qui réclament en vain du fond de ces abymes les vertus, & le nom de leur Prince : ce nom facré, qui eft par-tout ailleurs le garant de l'exécution des Loix, n'eft là que le titre en vertu duquel on les enfreint.

En fignant un ordre pour *enfermer*, vous croyez ne faire qu'un ufage légitime de votre autorité ; un ufage confacré par une poffeffion de plufieurs fiecles ; un ufage néceffaire au repos public, & dont il ne réfulte aucun abus : vous fuppofez que l'exécution de cet ordre n'entraîne que les effets d'une précaution de ce genre.

Bienfaifant jufques dans les rigueurs que votre rang vous oblige d'autorifer, vous avez donné mille preuves de votre penchant à foulager les maux que le maintien de la fociété néceffite. Par vos ordres les prifons deftinées à affurer la conviction & le châtiment du crime font devenues plus douces, moins meurtrières : elles ont ceffé d'être une punition préliminaire plus cruelle fouvent que le dernier fupplice. Vous avez détruit la pratique barbare qui autorifoit les tribunaux à torturer des accufés fimplement fufpects, pour effayer fi par-là on ne réuffiroit pas à les rendre criminels.

Vous êtes donc bien loin de foupçonner que dans votre royaume, dans votre capitale, fous vos yeux, il exifte une place dévouée fpécialement à perpétuer fur l'innocence une queftion mille fois plus cruelle que toutes les queftions préparatoires profcrites par vous ; puifqu'enfin elles ne brifoient que les corps, au lieu que celle de la *Baftille* ne déchire le corps, que pour pénétrer plus fructueufement jufqu'à l'ame. Vous êtes loin de foupçonner que l'on ajoute encore arbitraire-

ment à ce régime infernal ; que les agens ſubalternes choiſis pour le maintenir, trouvent de la ſatisfaction & du profit à l'outrer ; que pareils à ces
chiens acharnés qui ſecouent & mordent le gibier
en le rapportant, ils ſe faſſent un plaiſir d'être
barbares, quand on n'exige d'eux que d'être
ſoumis & fidèles.

Mais vous ne l'ignorerez plus ; le voile eſt déchiré : portez les yeux ſur ces ſouterrains funéraires,
où n'eſt jamais deſcendu le jour : pour lui en procurer l'accès, il falloit deux événemens auſſi ſin-
guliers l'un que l'autre, que j'y entraſſe & que j'en
ſortiſſe. Le ſecond, que je ne dois qu'à vous,
m'aſſure que les connoiſſances dont je ſuis redevable au premier ne ſeront pas inutiles.

Il m'en coûtera ma Patrie. La néceſſité de chercher un tombeau dans des contrées étrangères, hélas ! & ennemies, ſera le ſeul prix de tous les ſacrifi-
ces que je lui ai faits. Celui-ci eſt le dernier : je ſerai
payé de tous les autres s'il n'eſt pas infructueux.

Mais non, il ne le ſera pas : votre cœur pur &
ſenſible s'émeut : vous frémiſſez, vous rougiſſez :
ce ne ſera pas en vain. Dieu quand vous protéʒez
les hommes, tout puiſſant pour opérer leur ſalut,
donnez à l'*Europe*, au monde, le ſpectacle d'un
prodige que vous êtes digne d'opérer. Parlez : A
votre voix on verra s'écrouler les murailles de
ce moderne *Jérico*, plus digne mille fois que
l'ancienne des foudres du Ciel, & de l'anathème
des hommes. Le prix de ce noble effort ſera la
gloire de votre règne ; un redoublement d'amour
des peuples pour votre Perſonne & votre maiſon ;
& la bénédiction univerſelle des ſiècles les plus
reculés, comme du ſiècle préſent.

N O T E S.

NB. *Les Lecteurs font priés de ne paffer aux Notes qu'après avoir bien lu, & un peu médité le Texte, s'il eft poffible.*

(1) P A G E 7. *Sur les avenues de ces gouffres.*] En général en *France* toutes les places fortes peuvent à volonté devenir autant de *Baftilles* : il n'y a pas un de ces remparts, élevés en apparence contre les ennemis de l'état, dont un caprice miniftériel ne puiffe à chaque inftant faire le tombeau de fes enfans : mais il n'y a guère qu'une vingtaine de châteaux qui aient cette deftination fpéciale & conftante, tels que la *Baftille* & *Vincennes*, aux portes de *Paris; Pierre en Cife*, à *Lyon;* les *isles Ste. Marguerite*, en *Provence;* le *Mont St. Michel*, en *Normandie;* le *Château du Taureau*, en *Bretagne;* celui de *Saumur*, en *Anjou;* celui de *Ham*, en *Picardie;* &c. &c. Et tout cela eft rempli de *prifonniers d'État !* & dans tous on fuit le régime de la *Baftille !* & dans tous il y a des Gouverneurs *Cantiniers*, des Etats-Majors *Porte-clefs*, des *Garnifons*, des *Ingénieurs*, &c.

La confidération de cette énorme dépenfe, a donné à quelques Miniftres, & entr'autres à M. *Necker*, dit-on, la velléité d'une réforme; fi elle s'opéroit jamais, il feroit bien honteux qu'elle n'eût point d'autre motif. *Supprimer la Baftille par* É C O N O M I E! difoit, il y a quelques jours, avec indignation, à ce fujet, un des plus jeunes & des plus éloquens orateurs de l'*Angleterre*.

(2) Page 7. *Un Condé.*] A propos de ce nom, je ne puis me refufer de placer ici une anecdote tirée des

Mémoires de *Sully*, à laquelle peut-être peu de lecteurs font attention.

Henri IV, malgré fa vieilleffe & fes vertus, avoit dans fes derniers tems cédé à une paffion auffi fcandaleufe que ridicule : il aimoit la Princeffe de *Condé*, femme de fon neveu. Il la lui avoit fait époufer dans l'efpérance qu'étant jeune, diffipé & avare, on pourroit avec des plaifirs ou de l'argent l'aveugler fur la conduite de fa femme. Il n'en fut rien : le jeune Prince ne vouloit ni fe diftraire, ni s'enrichir : il emmena fa femme à *Bruxelles*, fans en avertir perfonne.

Cette évafion ne pouvoit être qu'approuvée des honnêtes gens ; elle fut traitée dans le Confeil du Roi, comme une *affaire d'Etat*. Tous les Miniftres opinèrent gravement tour-à-tour fur les moyens de remettre au plus vite dans les bras du Roi une Maîtreffe que l'incommode époux avoit ofé lui enlever. Il y avoit des opinions *pour la guerre :* quand le tour du Duc de *Sully* fut venu, il commença fon avis par ces mots : *Si vous m'aviez laiffé faire il y a trois mois, j'aurois mis votre homme à la Baftille, où je vous en aurois bien répondu* (*).

C'étoit en *plein Confeil* que fe tenoit ce langage ! celui qui le tenoit étoit un des plus vertueux Miniftres que la *France* ait eu ; celui contre qui il le tenoit étoit un *Prince du Sang ;* & le crime jugé dans ce *Prince du Sang* digne de la *Baftille*, étoit d'avoir une jolie femme, & de ne pas vouloir qu'elle fut la maîtreffe de fon oncle.

Lecteurs, réfléchiffez.

(3) Page 8. *Sa defcription avec la mienne*] Je ne mets pas au rang des mémoires que l'on peut confulter fur les détails de cet antre de *Trophonius* une hiftoire de l'*Inquifition Françoife*, par *Conftantin de Renneville*. Ce livre devenu rare, & cher parce qu'il eft rare, n'a
d'intéreffant

(*) Je cite de mémoire : je puis me tromper fur un ou deux mots : je fuis fûr de ne me tromper, ni fur la chofe, ni même fur la phrafe.

d'intéreffant & même de vrai que le titre. C'eft un tiffu de groffieretés dégoutantes, & de fables abfurdes.

On y lit, par exemple, qu'un prifonnier ayant été renfermé dans les fouterrains d'une des tours, il arracha *avec fes mains* tant de pierres des fondemens, qu'il les ébranla, & que le Gouverneur effrayé fut forcé de loger ce nouveau *Samfon* dans le plus bel appartement du château pour en prévenir la chûte.

L'auteur de ce conte ne favoit donc pas que les murs de la *Baftille* ont, aux endroits où ils font les plus minces, au moins *douze pieds* d'épaiffeur., & trente, quarante, cinquante dans les autres; qu'ils font de la plus fuperbe pierre de taille, & par conféquent auffi folides que les cœurs des gardiens font impitoyables.

D'ailleurs *Renneville* ne parle que de mauvais traitemens phyfiques : il eft vrai qu'on ne les épargne pas dans ce lieu où toutes les manieres de rendre l'exiftence infupportable font employées; mais, comme on l'a vu ci-devant, ce n'eft pas fur cette reffource que comptent le plus les queftionnaires à *croix de St. Louis*, qui fe chargent d'y adminiftrer les douleurs : ce font les ames qu'ils torturent; & cela eft bien plus ingénieux.

(4) Page 9. *Confacré en apparence à la juftice*]. C'eft le *Lieutenant-Général de Police* : il eft le véritable adminiftrateur de la *Baftille*, le Gouverneur en chef de ce château : c'eft par lui que paffent tous les ordres; il n'a de fupérieur dans ce diftrict que le Miniftre immédiat du département de *Paris*.

C'eft une inconféquence dont on ne peut trouver d'exemple qu'en *France* que cette affociation de la *Robe* avec l'*Epée*, d'un magiftrat avec des ftipendiaires armés, pour confommer une oppreffion que les Loix profcrivent, & que la *Robe*, la *Magiftrature* font profeffion de détefter. Et ce n'eft pas pour l'adoucir que la régie en a été ainfi confiée à un *Maître des Requêtes :* c'eft pour la légitimer, en quelque forte, ou du moins la légalifer, s'il étoit poffible.

Les troupes de la *Ferme générale*, les foldats de la finance ont en *France* le droit de rédiger des actes civils & juridiques, de dreffer des Procès verbaux, de faire

H

fubir de vrais interrogatoires à ceux qu’ils arrêtent , &
qu’ils fouillent : les troupes du Roi , les militaires nationaux n’ont pas ce droit. Comme ce font eux qui gar-
dent la *Baſtille* , il a fallu leur adjoindre un homme
qui en fut doué , pour procéder à ce qu’on y appelle
des *Procès verbaux* , des *Interrogatoires* , quand on daigne
s’amuſer à ces formalités : c’eſt là l’emploi du *Lieutenant de Police* , & l’occaſion du pouvoir dont on l’a in-
veſti.

Ce qui eſt plaiſant , ſi quelque choſe relatif à la *Baſtille* peut l’être , ce qui prouve toujours la conféquence
des idées *Françoiſes* , c’eſt que ſa robe qui devient ici
pour lui un titre de ſupériorité , en eſt , pour tout autre
magiſtrat , un d’exclaſion. Le *Chancelier* lui-même ne
feroit pas admis à la *Baſtille* , à moins qu’il n’y fut envoyé comme priſonnier. Quand le *Parlement* , comme il
arrive quelquefois , par une autre ſuite de cette même
juſteſſe d’eſprit , accepte des *Commiſſions* , pour juger
des priſonniers dépoſés à la *Baſtille* , il n’eſt pas permis
aux Juges d’entrer dans le château : c’eſt à la porte qu’ils
tiennent leurs aſſiſes , & qu’on leur amene l’accuſé , ou
plutôt la victime ; témoin M. de *Lally* , &c. de ſorte
que ces magiſtrats ſupérieurs , ſi fiers , ſi deſpotiques ,
n’ont pas même le droit d’inſpection ſur ces lieux où
un’ ſubalterne exerce un empire illimité.

Et ce qui achève de réunir toutes les eſpèces de con-
tradictions , comme de confondre toutes les idées , les
actes paſſés par ce magiſtrat appellé exprès , inſtitué
exprès , pour leur donner une apparence de *légalité* ,
ſont formellement déſavoués , proſcrits par les tribunaux
dont il continue d’être membre , toutes les fois qu’ils
leur ſont préſentés. Ils déclarent au *nom du Roi* , de *la
part du Roi* , illégales , & tyranniques , les procédures
inſtruites , au *nom du Roi* , de la *part du Roi* , en fai-
ſant *parler le Roi* , par leur confrère dans les *Baſtilles* ;
& enfin le même homme ſiégeant au *Châtelet* , comme
Lieutenant de Police , au *Parlement* , comme *Maître
des Requêtes* , rejettera le lendemain avec horreur , dé-
clarera criminelles , les mêmes pièces qu’il aura extor-
quées la veille au *fauxbourg St. Antoine* , à *Vincennes* ,

&c. en qualité de *Commiſſaire du Roi* , & munies de
la ſignature.

Ces abſurdités rendent la Légiſlation *Françoiſe* ridicule
aux yeux des étrangers : mais malheureuſement elles la
rendent encore plus accablante pour les nationaux.

(5) Page 9.   *Du gage apparent d'un ſervice pur.*]
Tous les officiers de l'*État Major* à la *Baſtille* ont la
croix de St. Louis : ceux même qui n'ont jamais ſervi,
tels que le *Gouverneur actuel* , ou qui ont ſervi avec
un titre qui n'y donne pas de droit, tels que le *Major
actuel* , on la leur accorde par grace, & afin de leur
donner apparemment un extérieur plus impoſant.

Cela n'a rien d'étonnant après tout. On la donne
bien aujourd'hui, cette croix, ſi long-tems reſpectable
& reſpectée, à des *Exempts de Police.* C'eſt à M. de
Sartines qu'eſt due cette honteuſe illuſtration du plus lâche ſervice que le deſpotiſme ait jamais exigé Si l'on
prétend la juſtifier par l'utilité de ces emplois dans certains cas, il faudroit donc la rendre commune aux *geô-
liers* ordinaires, & aux *bourreaux* ; car enfin ce ſont
auſſi des hommes utiles ; & certainement aux yeux de
la raiſon, ils ſont infiniment au - deſſus de leurs camarades *Baſtilleurs* ; ils devroient être bien moins flétris
dans l'opinion publique.

Ils ne ſont que les miniſtres d'une ſévérité indiſpenſable : ils ſont officiers, & officiers néceſſaires d'un pouvoir légitime : ils peuvent quelquefois exécuter des ordres injuſtes : mais ils obéiſſent toujours à la juſtice &
aux loix. Ils ſont ſûrs que l'infortuné qui leur eſt livré,
a eu, ou aura le moyen de ſe défendre : ils ſont ſûrs,
ou du moins doivent croire qu'un examen équitable,
impartial, a précédé les déciſions rigoureuſes qui les dé-
cident. Ils ſont autoriſés à penſer qu'elles n'ont jamais
pour objet que des coupables, ou au moins des hommes juſtement ſuſpects.

Mais un *Exempt de Police* , un officier de *Baſtille*
ſont ſûrs préciſément du contraire : ils ſavent qu'ils violent les loix, & que leur deſtination ſpéciale eſt de les
violer : ils ſavent qu'ils ſont les inſtrumens paſſifs,
criminels, d'une violence arbitraire : ils ſavent que les

H 2

trois quarts des victimes qu'on leur donne à crucifier
font innocentes; que fi l'on avoit eu quelque prétexte
fondé pour les charger de fers juridiquement, on n'auroit pas eu recours à la voie abrégée d'une *Lettre-de-cachet* ; ils favent enfin que, fans les bayonnettes qui les
entourent, leur procès eft tout fait dans les rituels des
tribunaux, comme dans le cœur de tous les citoyens ; &
qu'un fupplice honteux feroit le jufte prix de leur infâme condefcendance.

Ils le favent ! & ces violences, ces *Lettres-de-cachet*,
ils s'en rendent les inftrumens ! L'exempt captureur compte fur fes doigts de combien de *louis-d'or* chaque nouvelle proie lui fournira le prétexte de groffir fes mémoires ; le Gouverneur géolier fuppute combien d'*écus* il
en réfultera pour fa cuifine ; tous deux trouvent la cap-
ture d'autant *meilleure* qu'elle leur devient plus lucrative.

Affurément l'exécuteur des *hautes œuvres*, ni fes valets
ne pouffent point jufques-là la dégradation de l'avarice,
& l'oubli de toute efpèce de pudeur comme de remords.

Si donc l'opinion étoit raifonnable ; fi c'étoit la réflexion qui déterminât le préjugé, lequel de ces deux
hommes, je le demande, devroit être le plus flétri aux
yeux de la fociété ? A qui des deux eft dû plus de mépris & d'opprobre ?

(6) Page 10. *Entre M. le Comte de Vergennes &*
moi.] Vovez ma lettre à ce Miniftre, imprimée en 1777.
Je n'ai point mis cet écrit, ni l'éclat qu'il a fait, au
nombre des caufes de ma détention, parce que ce feroit accufer nettement M. le Comte de *Vergennes* d'une
fourberie, d'une hypocrifie, trop contraire à la vertu,
à la franchife dont il fait profeffion : mais il eft très-
vrai cependant que depuis que j'ai eu, moi, la bon-
hommie de repaffer la mer *fur fa parole*, des amis
éclairés n'ont ceffé de me prédire ce qui m'eft arrivé le
27 Septembre 1780 : ils n'ont ceffé de me répéter que
tôt ou tard M. le Comte de *Vergennes* fe ménageroit le
moyen de concilier le plaifir de fe venger, avec la gloire
d'avoir paru pardonner. Ce rapport entre leurs prophê-
ties & l'événement doit - il l'emporter fur la confiance
qu'infpirent lês VERTUS de M. le Comte de *Vergennes?*

(7) Page 12. *Plus noble encore que celui de mon séjour.*] Révéler ici l'objet de ce sacrifice, ce seroit en perdre le mérite ; il me seroit permis, peut-être, il seroit intéressant pour ma gloire & ma vengeance, de révoquer ma parole, comme les Ministres de *France* ont violé la leur : mais je n'ai pas l'honneur d'être Ministre. Un serment tyrannique, & injuste, ne lie jamais : une parole donnée librement lie toujours.

(8) Page 12. *Avec un opprobre réfléchi & combiné.*] C'est en plein jour, à midi, dans la rue de *Paris* la plus passante & la plus peuplée, que j'ai été arrêté, aux yeux de dix mille hommes rassemblés en un instant, on pourroit dire convoqués. Mon cocher, mon laquais, ou plutôt ceux du Sr. *Le Quesne*, & par conséquent de la *Police*, ne cachoient mon nom à personne. On sentira tout ce que cette affectation avoit de malignité, si l'on songe que dans les affaires les plus sérieuses, & même les plus pressantes, c'est toujours la nuit, & le secret que l'on choisit pour ces opérations violentes : mais le ministère qui se vengeoit dans celle-ci, qui savoit bien qu'il n'en tireroit d'autre profit que l'opprobre, & les cruautés dont ma détention pourroit être accompagnée, a voulu m'en faire boire l'amertume jusqu'à la lie.

Ajoutons que le *Lieutenant de Police*, à qui suivant mon usage de circonspection & de franchise, chaque fois que j'allois à *Paris*, depuis 1777, j'avois rendu ma premiere visite, m'avoit donné rendez-vous *pour ce jour-là*, à neuf heures du soir, chez lui : nous devions parler du N°. LXXI. des *Annales*, qui n'étoit pas encore distribué ; & c'est le même jour qu'il me fait arrêter à midi, avec le scandale que l'on vient de voir ! & après cela, on me tient vingt mois dans un secret impénétrable : on met autant de mystère dans les suites de ma détention, qu'on a mis de publicité dans la détention même ! Quel en étoit l'objet ? Faut-il le demander ? La publicité autorisoit à tout dire à ma charge, & le mystère à tout croire.

(9) Page 14. *Le Chargé-d'affaires de* F R A N C E.] Il ne s'agit pas ici de M. le Comte d'*Adhemar*, Ministre Plénipotentiaire de la Cour de *France*, à *Bruxelles* :

je puis fuppofer qu'un homme de condition qui n'avoit jamais eu qu'à fe louer de moi, auroit en cette occafion foutenu la dignité de fon caractère, & fenti qu'il ne lui convenoit pas de s'affocier à des *familiers* de la *Police de* PARIS pour confommer une fpoliation aufli odieufe qu'injufte.

Mais il étoit abfent : les affaires fe trouvoient entre les mains d'un homme qui eft tantôt fon intendant, tantôt fon fecrétaire, &c. & tantôt fon repréfentant, nommé LA GREZE, homme dont une naiffance équivoque eft le moindre défaut, & que fes premiers emplois ne devoient pas naturellement conduire à figurer dans le corps *Diplomatique*.

Cet étrange Miniftre a trouvé dans l'*Exempt de Police de Paris*, & dans fon fubftitut, de dignes collègues. Il les a fecondés de tout fon pouvoir, & avec d'autant plus de facilité qu'il pouvoit au moins dans les premiers momens couvrir fes trahifons fous les fymptômes de l'empreffement & de l'amitié : il avoit, je l'avoue, furpris ma confiance : je n'avois pu la refufer à un homme que le gouvernement de mon pays fembloit honorer de la fienne. Il étoit chez moi tous les jours, & tout le jour.

A l'inftant du défaftre, il fut le confeil préféré de la perfonne, qui, en le partageant, avoit encore la douleur d'être obligée de travailler à prendre des cautions pour le diminuer. On ne fera pas fâché de trouver ici à ce fujet une anecdote affez plaifante aujourd'hui, mais qui ne l'étoit pas alors.

Il s'agiffoit fur-tout de fauver mes papiers : non pas qu'ils continffent rien de criminel ; mais c'étoit ma fortune, & plus que ma fortune : d'ailleurs ils renfermoient des fecrets importans qui ne m'appartenoient pas ; la confiance de beaucoup d'honnêtes gens m'ayant fuivi dans ma retraite, malgré mon abjuration abfolue du barreau, le repos & l'honneur de plufieurs familles dépendoient de la fouftraction de mon cabinet.

La Gréze confulté ne trouva rien de mieux que de jetter les papiers les plus précieux dans la vache de ma voiture, de les conduire à une maifon de campagne que j'avois à trois lieues de *Bruxelles*, & d'y enfevelir le tout dans le foin dont les greniers étoient remplis : il affifta *déguifé*, à *minuit*, à l'exécurion de fon avis, répétant fans ceffe *qu'il rifquoit fa place*, *& fa fortune*, *pour me rendre ce fervice :* il travailla lui-même : il vit charger la vache : il s'affura que la voiture partiroit à l'ouverture des portes : jurant toujours d'un ton pénétré que puifqu'il étoit feul confident de ce dépôt, il feroit impénétrable.

La voiture étoit arrivée en effet à la campagne à fept heures du matin. A huit, l'Exempt de la Police *Parifienne* étoit dans mon grenier : il crochetoit la vache : il en brifoit les cadenas : il trouvoit . . . . . . quoi ! De la paille !

L'onction que *La Grèze* tâchoit de mettre dans fes fermens l'avoit trahi : on avoit profité du moment où il étoit allé fouper, ou plutôt inftruire l'Exempt, pour faire l'échange.

L'hiftoire eft plaifante : mais la perfidie étoit affreufe. En voici une encore plus atroce, s'il eft poffible.

En fauvant mes papiers jugés les plus importans, on en avoit laiffé dans la maifon une quantité affez grande pour autorifer à nier qu'il y en eût d'autres. La Police de *Bruxelles* s'étoit faifie de cette proie, tandis que l'Agent *Parifien*, mieux inftruit, en pourfuivoit une plus précieufe. Lui, & *La Grèze* fon complice, déconcertés par la précaution que l'on vient de voir, crurent fe dédommager en s'emparant de celle qui étoit reftée à *Bruxelles* : ils trouverent de la réfiftance dans les loix du pays : on vouloit un pouvoir de moi : *Le Quefne* appellé à leur aide en avoit bien un, mais il étoit ancien : il n'étoit pas relatif à l'événement du moment, ni à fes fuites : les Magiftrats de *Bruxelles* refufoient de le reconnoître ; mes amis encore davantage.

Il fallut bien m'en demander un nouveau : car la démangeaifon de connoître mes papiers étoit preffante ; & l'on fe flattoit avec ce titre de faire revenir même ceux qui s'étoient échappés du filet de *La Grèze*. On me le demanda. Je le refufai nettement : on devine quelle étoit ma raifon. Que fit - on ?

H 4

Le Sr. *La Grèze* écrivit au *Lieutenant de Police de Paris* que la juſtice de *Bruxelles* avoit *faiſi tous mes effets ;* qu'une partie *étoit déja vendue*, & CONFISQUÉE, en vertu de la *Joyeuſe entrée ;* (1) que le reſte alloit avoir le même ſort ; que le ſeul moyen de le ſauver, étoit un pouvoir de moi, pour s'oppoſer à ces opérations devorantes. Dans ce lieu où l'on ne montre rien, on me montra la lettre : on me laiſſa bien m'abreuver du fiel qu'elle devoit porter dans mon ame : & l'on me préſenta le Notaire pour conſolateur.

Il fallut bien obéir à ce que je croyois néceſſaire : je voulois reſtraindre au moins la procuration que l'on m'arrachoit ainſi : on employa la violence pour m'obliger à la ſigner *générale.*

En arrivant à *Bruxelles*, j'ai trouvé que la lettre du Sr. *La Grèze* étoit fauſſe dans toutes ſes parties. On n'avoit rien confiſqué ; au contraire : le pillage n'étoit venu que de ſes complices, & de leurs repréſentans. On avoit gémi à *Bruxelles* en voyant ma procuration ; & quoiqu'on ignorât de quels artifices elle étoit le fruit, on n'y avoit heureuſement déféré que ſur les articles les moins eſſentiels pour moi, *l'argent*, & les *papiers* dont l'abandon n'avoit rien d'inquiétant.

(20) Page 14. *D'un Exempt de la Police de Paris.*] Pour ajouter à ce tableau de trahiſons & de lâchetés, il eſt bon d'obſerver que cet Exempt eſt un de ceux que j'avois, dans ma courte & orageuſe carriere du barreau, arraché à une perſécution injuſte, mais acharnée : c'eſt le trop fameux *Des Bruguières*. On l'avoit choiſi, ou bien il s'étoit offert, non pas pour me ſervir, mais parce que les obligations qu'il m'avoit étant connues, & lui s'étant toujours paré des dehors de la reconnoiſſance, il étoit plus propre qu'un autre à ſurprendre la crédulité des perſonnes dont on redoutoit les lumierés, & l'attachement pour moi.

---

(1) Ce n'étoit pas la mienne à la *Baſtille*, dont il parloit, comme on le ſent bien : la *Joyeuſe entrée* eſt un droit particulier des Souverains du *Brabant*.

(11) Page 14. *D'un substitut que je nommerai ailleurs.*] Ce substitut n'étoit autre que le Sr. *Le Quesne.* Voyez les détails de cette inconcevable trahison dans l'*Avis aux Souscripteurs*, qui précède le Nº. LXXII des *Annales.*

(12) Page 14. *Du Sous - Ministre.*] Le Sr. *La Grèze* s'est fait payer par *Le Quesne*, près de 500 liv. T. à ma charge, *pour ses démarches.* Ce dernier, en me portant la somme en compte, m'a dit qu'il avoit payé par *des ordres supérieurs.*

(13) Page 14. *Elle a réussi.*] On se rappellera peut-être que l'objet en étoit de transmettre aux distances les plus éloignées, des nouvelles, de quelque espece qu'elles fussent, de quelque longueur que fussent les avis, avec une rapidité presque égale à celle de l'imagination.

La seule objection fondée que l'on m'ait faite, c'est que les *brouillards* & la *neige* interrompoient cette poste aérienne. Je l'avoue : mais la *neige* ne dure que quelques heures dans l'année : les *brouillards* que quelques jours au moins dans le Continent : des rivieres débordées, des ponts rompus, une chûte de cheval, peuvent également retarder, intercepter pendant quelques momens les communications ordinaires.

Je consignerai un jour ici mes idées à ce sujet. L'invention est certainement susceptible encore d'être perfectionnée, & je ne doute pas qu'elle ne le soit. Je suis persuadé qu'elle deviendra avec le tems le plus utile instrument du commerce, & de toutes les relations de ce genre ; comme l'*électricité* sera l'agent le plus efficace de la médecine, comme la *pompe-à-feu* sera le principe de tous les mécanismes qui exigent, ou doivent donner de grandes forces.

(14) Page 15. *Les droits ordinaires de citoyen.*] Pourvu ! Je suis obligé d'insister sur cette restriction. On s'est déja permis de publier que j'avois indistinctement promis *de ne plus écrire* ; que cette condition avoit été le prix de ma liberté. Cela n'est pas vrai. Ce qui est vrai, c'est que de moi-même, épuisé de cette lutte perpétuelle, de ce combat inégal où il falloit choquer sans

ceffe, fans autres armes que la raifon & la juftice, des ennemis armés du pouvoir, & de l'intrigue, je n'afpirois plus qu'à une paifible obfcurité. Encore une fois, quoique je fuffe bien éloigné de m'attendre à voir deux ans de *Baftille*, remplacés par un exil fans terme, j'aurois été attendre patiemment à *Rethel* la fin de ce nouveau caprice : j'aurois travaillé de bonne foi à me taire, ou du moins à me *laiffer oublier*, fi cette indifférence pour mon exiftence littéraire, on n'avoit pas prétendu m'obliger de la pouffer jufqu'à mon exiftence civile. C'eft bien à regret, mais affurément bien fans remords, que je fuis rentré dans mon orageufe carriere.

(15) Page 18. *Qui n'en auront jamais peut-être, même à la Baftille.* j J'en ai fupprimé plufieurs dont le récis ne feroit pas aujourd'hui auffi frappant qu'ils ont dû me paroitre douloureux dans le tems : les conjonctures font quelque chofe, même dans les fouffrances ; un coup qui n'eft rien pour un homme en fanté, devient infupportable, il peut caufer la mort, s'il porte fur un membre déja caffé. Mais je ne puis m'empêcher d'infifter fur le refus foutenu jufqu'au bout, de me permettre de faire un teftament, *par le miniftère d'un officier public.*

S'il n'a pas eu pour motif le caprice le plus barbare dont jamais Miniftre ait pu fe donner la licence, il a donc eu pour objet une prévarication encore plus lâche : on vouloit donc, en me mettant dans l'impuiffance de difpofer du refte de mon bien, favorifer le Sr. *Le Quefne* qui avoit tout en fa poffeffion ; on vouloit donc, fi j'étois mort, lui ménager le moyen de ne faire à ma famille que la part qu'il auroit voulu, & payer ainfi fes trahifons non-feulement à mes dépens, mais à ceux de mes héritiers. Ne m'ayant rendu aucun compte ; ayant en main tous mes titres, & tous mes effets fans exception ; étant affuré par fes relations avec la *Police*, &c. qu'un teftament *Olographe* de moi ne fortiroit de mon tombeau que de fon aveu, il devoit s'oppofer à tout acte notarié, dont il auroit été plus difficile de maitrifer les difpofitions, ou de fupprimer la trace.

Laquelle de ces deux caufes a motivé le refus du tef-

tament ? Je l'ignore: toutes deux peut‑être ont con‑
couru : mais quand il n'y en auroit qu'une, n'ai‑je pas
eu raifon de dire que ce refus feroit un exemple uni‑
que , même dans l'hiftoire des crimes de la *Baftille ?*

16) Page 28. *De me préparer une retraite.*] Il ne
falloit peut‑être pas moins que cette derniere infortu‑
ne , pour me guerir de ce patriotifme extravagant : le
topique a été cuifant ; mais auffi la cure eft radicale.

A préfent que je ris, j'ai trouvé affez plaifante une
naïveté échappée à ce fujet, à un homme qui joue au‑
jourd'hui un rôle important dans le Miniftère. On lui
parloit de ma retraite à *Londres,* & de mon intention
de publier ces Mémoires‑ci. *Mais il veut donc, dit‑il,
fe fermer pour toujours les portes de la France !* Mais
ces Meffieurs auroient‑ils donc encore quelques *Lettres-
de-cachet* à placer , & fongeroient‑ils à m'honorer de la
préférence ?

(17) Page 30. *Et défarmer la vengeance.*] Le hazard
m'a fait conferver une copie de cette réponfe ; je ne
puis me défendre d'en configner ici au moins la fin.
Après avoir détaillé d'une maniere attendriffante les rai‑
fons qui m'avoient arraché cette lettre, j'ajoutois : "Il
,, efpère que le Roi voudra bien confidérer que c'eft
,, une affaire particuliere , une affaire fecrette, igno‑
,, rée, ... que cette lettre ne doit être réputée que
,, la fuite d'un premier mouvement que les loix ne pu‑
,, niffent nulle part , & que la fimple humanité excufe ;
,, qu'enfin de quelque maniere qu'on l'envifage , elle
,, ne doit pas effacer le fouvenir des fervices que le ré‑
,, pondant s'eft efforcé de rendre toute fa vie aux par‑
,, ticuliers nombreux qu'il a défendus , & fauvés dans
,, les tribunaux ; au public qu'il s'eft efforcé d'éclairer
,, par fes écrits ; à la religion , aux loix , aux mœurs
,, qu'il a toujours fcrupuleufement refpectées ; ni de la
,, délicateffe qui lui a fait facrifier à la feule apparence
,, de la rupture, un établiffement tout formé en *An‑
,, gleterre,* pour fe rapprocher de la *France* ; ni de la
,, fermeté avec laquelle il a publié par‑tout les louan‑
,, ges, & foutenu les intérêts de fon Prince & de fa
,, Patrie , même au milieu de leurs ennemis , comme

„ le prouvent fur-tout fes *Annales* ; ni du deffein qu'il
„ a toujours eu & annoncé , de rentrer en *France* , de s'y
„ fixer , d'y rapporter fa fortune , & d'y vivre fous les
„ loix du Souverain à qui la Providence l'a foumis ;
„ deffein qui étoit un des principaux objets du préfent
„ voyage , & fans lequel il ne feroit pas tombé dans
„ l'infortune où il fe trouve.

„ " Il n'ajoutera plus qu'un mot ; c'eft qu'en dévelop-
„ pant ainfi les confidérations qui peuvent rendre fa
„ faute plus légère , il ne penfe pas néanmoins à l'excu-
„ fer entiérement : il ne fe propofe que de fournir des
„ motifs à la clémence du Roi pour en abréger la peine ;
„ & la générofité de M. le Maréchal de *Duras* pour en
„ folliciter le pardon. "

Depuis cette réponfe je n'ai plus entendu parler de
rien ; j'ai feulement appris depuis ma fortie , qu'elle
avoit été un fujet de plaifanterie pour les bureaux de
M. le Comte de *Vergennes*. Le Sieur *Moreau* , entr'autres , un de fes Secrétaires favoris , s'eft permis , en la
lifant à fes amis , de dire à cette fin , *Ah* , *Ah* , *à pré-*
fent il fait le capon.

Oh ! *Louis XVI* , ô Roi jufte & bienfaifant , eft-ce
donc ainfi que les agens mercenaires des Miniftres qui
vous trompent , infultent aux douleurs de vos fujets qu'ils
oppriment ! Eft-ce ainfi qu'ils ofent traveftir des retours
refpectueux de confiance & de foumiffion envers vous !
Eft-ce d'une inculpation ainfi reconnue , & difcutée , que
vingt mois de barbaries ont été le fruit ?

(18) Page 31. *Que la fatisfaction de l'avoir rendu.*]
On m'a affuré depuis ma fortie qu'on avoit fait courir
de prétendues copies de cette lettre. Je déclare ici ,
qu'il n'eft pas poffible qu'il en exifte : on ne peut pas
fuppofer que le *Lieutenant de Police* l'ait livrée à la curiofité publique. Affurément M. le Maréchal *de Duras*
ne la montrera pas plus à l'avenir que par le paffé : les
mains qui ont fouftrait mes papiers aux recherches ardentes de fes vengeurs ont eu la même difcrétion : ainfi
ce petit fecret eft un de ceux fur lefquels la malignité
publique ne fera jamais fatisfaite.

(19) Page 33. *Du très-ridicule neveu de M. de Leyrit.*]

Pour apprendre quel eft ce perfonnage, voyez les Tomes VIII & IX des *Annales*, mais fur-tout le IX, page 217 & fuivantes. Peu d'affaires ont été plus atroces, & aucune, même en *France*, n'a jamais eu des détails & des fuites plus inconcevables que tout ce procès de M. de *Lally*. Le *Parlement de Paris* après avoir eu la baffeffe inconféquente d'accepter une *commiffion* pour le juger; & la cruauté horrible de punir par un arrêt de mort, des fougues excufables peut-être en tout fens, des écarts auxquels l'arrêt même n'a pas ofé adapter le nom de crime, a eu la baffeffe & la cruauté tout à la fois, de traverfer fourdement un fils qui demandoit la réhabilitation de la mémoire de fon pere.

Le *Parlement de Rouen*, conftitué revifeur d'un jugement déja reconnu irrégulier dans la forme, déja anéanti en confequence, & démontré au moins auffi inique dans la forme, n'a pas, à la vérité, prévariqué au point d'ofer le confacrer de nouveau; mais pour éluder la néceffité de fe décider entre la juftice, & un corps de fon ordre, il a mieux aimé violer une des régles les plus folemnelles de la procédure *Françoife*, & admettre une *intervention* auffi folle par fes acceffoires, auffi abfurde en elle-même, qu'infoutenable en jurifprudence. D'où réfultent de nouveaux combats, de nouvelles queftions, un nouveau renvoi à un autre Parlement, celui de *Dijon*, où M. de *Lally* aura à effuyer les mêmes préjugés, les mêmes déférences pour l'efprit de corps, les mêmes fureurs.

Il ne faut point fe laffer de le redire: le refte de l'univers n'offre point de pareils exemples: ils n'ont lieu, ils ne peuvent avoir lieu qu'en *France*.

Sic vivitur illic.

Mais auffi on y a l'*Opera Comique*, le Grand *Opera*, les *Boulevards*, les *Champs Elifées*, le *Mercure*, &c. &c. &c.

(20) Page 34. *Tant que j'ai écrit d'Angleterre, je n'ai effuyé aucune tracafferie.*] Cette remarque eft auffi vraie que finguliere; & elle tient à une anecdote plus finguliere encore, s'il eft poffible, que tout ce qui a précédé: mais que je fupprime par deux raifons; 1°. par refpect pour un nom augufte, qui s'y trouve mêlé;

2°. parce qu'elle eſt plus curieuſe, plus piquante qu'u-
tile. Tout ce qu'elle prouveroit, c'eſt la ſupériorité que
donne même aux ſimples particuliers l'influence d'un
atmoſphère épuré par la Liberté, tel que celui de la
Grande-Bretagne, ſur la fange du deſpotiſme, qui ſouil-
le, énerve preſque également, & ſes agens, & ſes victimes : or cela a-t-il beſoin de preuves ?

(21) Page 40. *Un ſi long ſacrifice.*] Je ſuis bien fâché
pour M. le Maréchal de *Duras*, de le tenir ſi long-tems
ſur une ſcène où il ne fait pas une bien honorable fi-
gure : mais encore une fois ce n'eſt pas ma faute. Pour
me réduire à un ſilence éternel, il n'auroit eu beſoin
d'être généreux qu'un moment.

(22) Page 50. *Les privilèges du peuple.*] En citant la
Tour de Londres à l'occaſion de la *Baſtille*, je commet-
trois une réticence injuſte, & même criminelle, ſi je
n'obſervois que ces deux ſéjours ont entr'eux bien plus
de différences réelles que le reſſemblances apparentes.
Les Commandans de la Tour, la garniſon qui exécute
leurs ordres, ſont ſoumis à l'inſpection du *Parlement*,
comme les autres ſujets de l'Etat. Un priſonnier mal-
traité par eux a mille moyens de faire parvenir ſes plaintes aux ſupérieurs qui peuvent y faire droit, & aux
amis, aux parens intéreſſés à les faire valoir. Ce priſonnier eſt ſûr *qu'on lui fera ſon procès, & publiquement.* Il a des conſeils, des Avocats ; tout ce qu'il doit
éclaircir, ou détruire, lui eſt communiqué dans le plus
grand détail. L'accuſation de *Crime d'Etat* n'influe que
ſur le dépôt auquel eſt confié l'accuſé ; elle ne change
abſolument rien à la forme de la procédure qui doit décider de ſon ſort. Enfin, dans les délais même, & la
ſévérité qu'elle comporte, il n'y a jamais l'ombre d'incertitude, non-ſeulement ſur ſon exiſtence, mais même
ſur l'état de ſa ſanté, ni ſur le lieu où il eſt détenu :
eſt-ce-là la *Baſtille* ?

(23) Page 51. *Où ſe pratique aujourd'hui dans le
monde.*] Peut-être quelques cenſeurs pointilleux, ou quelques membres de l'adminiſtration m'accuſeroient-ils ici
d'uſer d'hyperbole ; peut-être prétendroient-ils qu'il y a
peu de pays où l'on ne trouvât, quant au fonds, l'é-

équivalent de la *Bastille*, &, quant à la forme, des usa-
ges, ou des abus encore plus horribles : ils essayeroient
par ce parallele de justifier au moins indirectement l'a-
bominable régime que je dénonce ici à toutes les ames
honnêtes, & que les plus déterminés partisans du despotisme n'oseroient songer à excuser que par de sembla-
bles subterfuges.

Otons-leur encore cette ressource. Je suis convenu que
dans presque tous les pays, le *Bien public* paroissoit
quelquefois un motif capable de légitimer des rigueurs
extraordinaires; mais il n'est pas vrai que nulle part les
loix, ou même un usage constant, aient rien consacré
d'approchant du régime de la *Bastille*. Quelque répugnance que m'inspire ce triste & honteux sujet, quelque
dégoût que j'éprouve à la seule idée de prolonger la
nécessité de m'en occuper, dépouillons les annales de
la tyrannie : parcourons le globe, & cherchons dans
l'histoire des crimes du pouvoir arbitraire, s'il y en a
aucun que l'on puisse comparer à l'institution du château
qui écrase la rue *St. Antoine à Paris.*

Ce court résumé des miseres passées, ou étrangères,
fera peut-être plus d'impression que la peinture la plus
énergique des nôtres. En voyant quels ont été dans tous
les tems les fruits des *Lettres-de-cachet;* en les compa-
rant à ceux qu'elles produisent encore de nos jours, les
Titus modernes décideront plus aisément si c'est à eux
qu'il convient de continuer de se servir d'une semblable
ressource, & de se piquer d'une semblable rivalité avec
les *Phalaris*, & les *Nérons.*

Je le répète donc, & je vais le prouver par les faits :
dans l'univers entier il n'y a jamais eu, il n'y a rien
qui ressemble au *Régime* de la *Bastille*. On ne connoit
point de nation flétrie par l'opprobre & l'atrocité d'une
Bastille toujours existante ; d'un gouffre sans cesse ou-
vert, pour recevoir des hommes, non pas à PUNIR,
qu'on y prenne bien garde, mais à TOURMENTER ; d'un
Purgatoire politique, où les fautes les plus légères, souvent l'innocence, soient arbitrairement soumises aux supplices de l'Enfer.

Dans toute l'antiquité vous ne trouvez de prisons

d'*Etat* que chez les plus abominables tyrans, & même pendant leur règne. C'étoient, comme le fer & le poifon, des fléaux paffagers dont ces oppreffeurs exécrés faifoient ufage tant que duroit leur ufurpation, & qui difparoiffoient avec eux ; elles n'étoient pas liées à la conftitution du pays : ce n'étoit pas un des refforts favoris du gouvernement, ni la reffource habituelle de l'autorité. Ce qu'on connoît de leur police ne permet, en aucun fens, de les comparer à la *Baftille*.

On lit, par exemple, que le premier *Denys* en avoit une dans fon palais à *Syracufe :* il y avoit même, dit l'hiftoire, pratiqué un raffinement dont il eft peut-être étonnant qu'aucun des *Denys* fubalternes qui ont marché fur fes traces avec tant de fuccès pour la perfection du régime de la *Baftille* ne fe foit avifé. Les voûtes des cachots y étoient ondulées avec un tel art que tout ce qui s'y difoit, retentiffoit, & s'entendoit diftinctement dans un cabinet qui fervoit de réceptacle à ces fons ramaffés. C'étoit-là l'obfervatoire, ou, fi l'on veut, le confeffional où le tyran fe plaçoit pour intercepter les converfations & les fecrets des prifonniers : on appelloit ce cabinet ingénieux l'*Oreille*.

Cependant il falloit que l'*Oreille* ne rendît pas tout : car on ajoute qu'un philofophe y ayant été enfermé par *Lettre - de - cachet*, & en étant forti, le tyran fut curieux de favoir de lui à quoi on s'y occupoit : *A fouhaiter ta mort*, répondit le captif fincère. L'*Oreille* n'avoit donc pas révélé ce fecret-là, dont le fruit fut, s'il faut toujours en croire l'hiftoire, une autre *Lettre-de-cachet*, portant ordre d'égorger tous les prifonniers.

Quoiqu'il en foit de ce dernier trait, puifque l'*Oreille* avoit été conftruite pour épier les converfations des prifonniers, ils converfoient donc entr'eux ; ils fe voyoient donc : ils n'étoient donc pas abandonnés à une folitude abfolue : ce n'étoit donc pas la *Baftille*.

Chez les *Romains* il n'y avoit ni *Oreille* ni *Baftille*. Du tems de la république, les citoyens même coupables, ne pouvant être arrêtés qu'après la condamnation, la prévenoient ordinairement par un exil volontaire : à
plus

plus forte raifon l'innocence n'avoit elle pas à redouter des cachots arbitraires.

Sous les Empereurs, elle ne fut pas à l'abri des affaf-finats ordonnés au nom du Prince : mais alors c'étoit dans la maifon même des victimes que fe confommoient les facrifices. La *Lettre-de-cachet* contre-fignée *Sejan*, *Nar-ciffe*, *Tigellinus*, &c., qui ordonnoit de mourir, étoit notifiée par un *Tribun*, un *Centurion*, à la tête d'une efcouade de foldats : car par-tout ce font les militaires qui fe chargent de ces fonctions, comme ce font les chiens qui lancent & déchirent le gibier.

A la vue de l'ordre miniftériel, les uns prenoient du poifon : les autres fe perçoient d'un poignard : d'autres fe faifoient ouvrir les veines : la troupe environnoit la maifon jufqu'à ce que l'affaire fut faite, & puis elle s'en retournoit froidement aux cafernes, comme fi elle venoit de monter la garde.

On ne manquera pas de fe récrier que cela eft encore plus dur que la *Baftille :* je n'en fais rien : il n'y a guere que ceux qui y font qui pourroient décider cet étrange problême. Si je m'en rapportois à moi-même, à ce que j'ai éprouvé dans le tems, la méthode expéditive du def-potifme *Romain* me paroîtroit infiniment préférable. J'ai demandé mille fois verbalement, & par écrit, une *Procédure*, ou la *mort* : & alors le bain de *Seneque*, ou le poignard de *Trajea*, m'auroit paru une faveur.

Mais fans prononcer fur cette queftion, au moins eft-il fûr que les *Narciffes* n'envioient pas à ceux dont la vie les importunoit, la confolation de *faire leur tef-tament* avant de la quitter. Au contraire ils récompen-foient par cette tolérance leur promptitude à obéir ; la faculté de rédiger fes dernières difpofitions, & la cer-titude qu'elles feroient exécutées, étoient, fuivant *Ta-cite*, *pretium feftinandi.* Or on a vu qu'à la *Baftille*, la même réfignation, la proximité d'une mort que je hâtois par mes vœux, ne m'a pas valu la même indemnité. Il y a donc quelque chofe de plus d'un côté que de l'au-tre : à *Rome*, dans ces fortes de cas, la mort étoit plus infaillible ; en *France* on fait en rendre les appro-ches plus douloureufes.

I

Ce n'eſt pas tout : cette précipitation meurtrière n'é‑
toit à craindre que pour les grands. Les monſtres qui
l'avoient exigée échappoient rarement à la vengeance
publique. *Sejan* fut déchiré par le peuple : *Neron* proſ‑
crit par des arrêts, auroit péri d'un ſupplice ignomi‑
nieux, s'il ne ſe fût lui‑même arraché la vie : d'ailleurs
les *Trajans*, les *Antonins* venoient de tems en tems dé‑
livrer *Rome* de cet opprobre, & empêcher la proſcrip‑
tion qui en auroit fait avec le tems une des prérogati‑
ves de la couronne.

Sous les plus mauvais. Princes même, on voit que les
criminels d'Etat, ou plutôt les *accuſés d'Etat* ordinai‑
res, n'étoient aſſujettis qu'à une gêne incommode,
& non à une captivité horrible. On leur attachoit une
main à celle d'un ſoldat qui ne pouvoit ainſi les quit‑
ter. C'étoit un déſagrément ſans doute que cette ſocié‑
té ; mais elle n'empêchoit ni *Agrippa* de dormir paiſi‑
blement chez lui ſous *Tibère*, ni *St. Paul* de prêcher
publiquement ſous *Neron*. Etoit‑ce là la *Baſtille ?*

La ſeule eſpèce de *priſon d'Etat* rigoureuſe que l'on
trouve conſtamment maintenue dans l'ancienne *Rome*,
c'étoit ce que l'on appelloit la *Tranſportation*. On avoit
de petites îles inhabitées, où l'on dépoſoit les perſonna‑
ges devenus ſuſpects à la cour. On les y abandonnoit
avec défenſe de *déſemparer*, ſous peine de mort. J'a‑
voue qu'on ne voit pas qu'aucune procédure juſtifiât or‑
dinairement ces *Lettres‑de‑cachet* : mais les infortunés
ainſi dégradés conſervoient cependant la vue du jour,
& la faculté de reſpirer l'air : ils jouiſſoient d'une par‑
tie de leurs revenus : ils pouvoient ſe faire accompagner de
quelques‑uns de leurs domeſtiques : ils recevoient, ils
écrivoient des lettres : enfin, ſi l'ennui devenoit trop
fort, s'ils préféroient l'expatriation à cette honteuſe ré‑
ſignation, ils pouvoient s'échapper, & ils s'échappoient.
On voit bien que ce n'étoit pas encore là la *Baſtille*.

L'hiſtoire du *Bas‑Empire* n'étant rien moins qu'exacte,
il eſt impoſſible d'y ſuivre bien en détail la juriſprudence
des *Lettres‑de‑cachet* : les prétendus Empereurs étant
ſouvent faits & defaits avec auſſi peu de cérémonie que

lès DEYS d'*Alger*, leurs Miniftres n'auroient guére eu
le tems de faire fervir les *prifons d'état* à leurs vengeances : au lieu de mettre les fujets en mue , ils leur
coupoient la gorge fur-le-champ , & cette politique fut
fouvent adoptée par ceux mêmes qui jouiffoient quelquefois d'un règne brillant & heureux.

Conftantin avoit une méthode à lui : il faifoit étouffer
dans des bains chauds les perfonnes dont il vouloit fe
défaire fans bruit , & fans fcandale , telles que fa *femme*,
fon *fils* , &c. Pour fon *beau-père* il le faifoit étrangler,
& décapiter fon *beau-frère :* il ne ménageoit guère que
les *Evêques ;* il fe contentoit de les exiler ; mais il paroît
qu'il n'enfermoit perfonne.

On pourroit foupçonner que fous fon fils *Conftantius,*
on commençoit à jetter les fondemens d'une *Baftille :*
car y ayant eu quelques troubles dans un concile tenu
par fes ordres ; les Pères s'y étant divifés , & les chofes
ayant été jufqu'à la violence , des *Commandans de Pro-*
vince , porteurs de *Lettres - de - cachet* , en firent enfermer quelques-uns : un d'entr'eux, nommé *Lucifer ,* écrivit à l'Empereur lui-même en ces termes : .... " Parce que
„ nous nous fommes feparés de votre concile d'iniquité ,
„ nous languiffons en prifon , privés de la vue du fo-
„ leil, gardés avec foin dans les ténèbres ; & on ne
„ laiffe entrer perfonne pour nous voir.... " Voilà bien
la peinture d'une *Baftille.*

Cependant d'un côté on voit que le Prélat avoit la permiffion de s'adreffer directement au Prince , & de fe
plaindre à lui des rigueurs de fa détention , ce qui eft
précifément un des points le plus formellement interdits
par le Code des *Baftilles ;* de l'autre , il eft probable que
fi une invention auffi admirable s'étoit une fois introduite dans l'Empire , elle s'y feroit perpétuée : il n'auroit pas fallu attendre jufqu'à *Louis XI* pour la reffufci-
ter : or n'en revoit plus de traces à *Conftantinople.*
Quand on voulut fe défaire de St. *Jean Chrifoftôme ,* on
l'envoya à *Cucufe ;* au lieu de le tuer par l'immobilité
d'un cachot, on le fit périr par des courfes violentes :
mais on n'eut pas même l'idée de l'enfevelir dans une
citadelle , où il fut cenfé mort de fon vivant..

Dans l'empire *Grec* , les Secrétaires d'Etat & leurs commis fentirent de bonne heure combien il leur étoit important de priver de la lumière les hommes qu'ils jugeoient dignes de leur attention & de leur reffentiment: mais ils n'imaginèrent pas des caveaux pratiqués dans des murailles de vingt , de trente pieds d'épaiffeur : ils attaquèrent les yeux même, au lieu d'en enlever l'ufage: on les arrachoit, on les rôtiffoit avec des lames d'argent ou de cuivre ardentes ; on les étuvoit quelquefois avec du vinaigre bouillant, le tout en vertu d'une *Lettre-de-cachet.*

Ces *Criminels d'Etat* devenoient aveugles, je l'avoue : mais enfin le defpotifme qui les martyrifoit ainfi n'étoit pas une *Loi de l'Etat :* il n'y avoit pas à la cour de Miniftre qui eut le diftrict particulier des *aveuglemens.* Le *Lieutenant de Police de Conftantinople* n'étoit pas créé par un brevet exprès Commiffaire Impérial à l'application du vinaigre enflammé, ou des eftampilles brûlantes.

Dans la *Conftantinople* moderne, ce fcandale de notre prétendue philofophie, & en apparence de l'humanité, il y a une forterefse qui femble avoir quelque affinité avec la *Baftille :* ce font les *Sept Tours :* nos voyageurs l'appellent une *prifon d'Etat :* mais d'après leurs relations même, on voit que c'eft un dépôt plutôt qu'une prifon. On n'y configne que les Ambaffadeurs Chrétiens des Puiffances qui rompent avec la Porte ; & ils continuent non-feulement d'y voir qui ils veulent, mais d'être fervis par leurs propres domeftiques.

Les efclaves dont la rançon eft ftipulée, mais non payée, font quelquefois obligés d'aller y attendre l'exécution de ce marché: alors c'eft un afyle pour eux , autant qu'une fûreté pour leurs maîtres. Oififs, bien nourris, fouvent vifités, c'eft une anticipation de la liberté qu'ils goûtent, & non pas des fers qu'ils fupportent.

Mais jamais on ne s'eft avifé d'enfermer aux *Sept Tours* uniquement pour y languir, pour y être féqueftrés plus rigoureufement que les plus abominables fcélérats, des hommes à qui l'on n'impute point de crimes. Jamais ni *Sultan*, ni *Vifir*, ni *Cadi*, ni *Janiffaire* n'a penfé à donner, ou à folliciter, ou à exécuter une *Lettre-*

de-cachet contre un Bourgeois de *Conſtantinople*, d'*Er-zerum*, ou de *Sanique*, pour avoir trouvé l'aigrette du *Grand Viſir* moins brillante qu'à l'ordinaire, ou la pa-bouche du *Seliċtar* mal brodée.

Si un blaſphémateur a outragé le Prophète, on le cir-concit, ou on l'empale : la loi étoit préciſe, & au moins il a le choix. Si un *Viſir* a abuſé de ſon pouvoir, on l'exile, on le dépouille ; quelquefois on l'étrangle : pourquoi ſe faiſoit-il Viſir ? pourquoi étoit-il avide ? Si un boulanger vend à faux poids, & vole ainſi le pu-blic, il eſt puni comme un voleur : la punition eſt prompte, & quelquefois terrible : mais le délit & la con-viċtion l'ont toujours précédée. Tous les habitans de ce vaſte empire, *Grecs*, *Arméniens*, *Francs*, *Aſiatiques*, *Eu-ropéens*, *Tartares*, *Catholiques*, *Schiſmatiques*, *Cophtes*, *Juifs*, *Muſulmans*, &c. paſſent leurs jours dans la plus paiſible, la plus heureuſe ſécurité, s'ils obſervent les loix, s'ils ont ſur - tout le bonheur d'être inconnus au Serrail : ils n'ont pas même d'idée d'une *Baſtille*, & d'une *Lettre-de-cachet*.

En *Perſe*, dans ſes tems de gloire & de calme, c'eſt-à-dire, juſqu'aux guerres civiles qui la dévaſtent depuis un demi-ſiecle, non ſeulement ces reſſources de la ven-geance miniſtérielle étoient également inconnues ; mais la juſtice ordinaire même, avoit trouvé moyen d'épar-gner aux accuſés vraiment ſuſpeċts l'humiliation & l'hor-reur des cachots. Les priſons y étoient mobiles. L'hom-me dont l'ordre public exigeoit que l'on s'aſſurât ne per-doit de ſa liberté que ce qu'il falloit lui en ôter, pour qu'il ne pût ni ſe ſouſtraire au châtiment, ni ſe rendre plus criminel. Une induſtrie plus compatiſſante que ſé-vere y avoit imaginé la *Cangue*, eſpece de triangle de bois portatif, qui étant fixé au col, & prenant une des mains de l'accuſé, ne pouvoit ni ſe cacher, ni ſe dé-tacher, ſans cependant lui ôter aucune de ſes facultés. Portant ainſi avec lui une garde peu diſpendieuſe, il conſervoit la jouiſſance du jour, celle de la vie, l'ad-miniſtration de ſes affaires, toutes les facilités néceſ-ſaires pour éclaircir ſon innocence, ſans ceſſer d'être ſoumis à la puiſſance civile chargée de la vérifier.

On nous parle des exécutions fanglantes ordonnées par des monarques yvres : mais ces horreurs étoient renfermées dans les harems ; & l'inftitution feule de la *Cangue* prouve que l'efprit général de la nation, fans excepter le gouvernement, avoit autant de douceur que d'équité.

C'eft la même chofe au *Mogol*, dans toutes les *Indes*, à la *Chine*, au *Japon*. Dans ce dernier pays, d'où notre inquiétude nous a juftement fait bannir, les relations qui nous en viennent affurent que les mœurs font cruelles, & les fupplices auffi prompts qu'affreux. Cela fe peut ; mais au moins d'un côté la rapidité compenfe la barbarie : on ne connoît point ces longues détentions qui éternifent le plus horrible des fupplices, le défefpoir produit par l'incertitude de la fin des maux.

L'homme que l'on éventre, qu'on précipite fur des crocs, qu'on hâche en dix mille morceaux, qu'on pile vivant dans un mortier, s'il eft vrai que ces peines rafinées foient communes, cet homme a été jugé ; il a pu fe défendre, fe juftifier : c'eft le magiftrat ; c'eft la loi, & non pas le caprice qui l'ont condamné.

Nos miffionnaires ont quelquefois habité des prifons dans l'*Inde*. Etrangers, inconnus, prêchant des nouveautés qui devoient paroître bifarres, même aux appréciateurs les plus indifférens, & dangereufes, criminelles aux magiftrats, & fur-tout aux prêtres dont ils fe déclaroient les ennemis, il n'y avoit point d'hommes contre qui la févérité fût plus légitime, & les *Lettres - decachet* plus excufables : cependant ils font obligés de rendre juftice à l'humanité des juges qui les détenoient, des géoliers qui les gardoient, des naturels du pays qui les vifitoient, les confoloient, les nourriffoient.

Nous ne voyons d'exemple approchant de nos châteaux royaux & des ordres qui les peuplent, que dans l'aventure des Princes du fang baptifés par les *Jéfuites*, exilés d'abord, & enfuite renfermés fous l'Empereur *Jontching*. Les miffionnaires qui nous ont inftruits de cette cataftrophe, ne nous en ont point révélé la caufe : mais quelle qu'elle foit, leur récit conftate bien qu'il n'y a point de *Baftille* à la *Chine*, puifqu'on fut

obligé d'en conftruire une exprés pour chacun des princes deftinés à en fubir le féjour.

Et alors même ce ne fut pas une fouftraction clandef-
tine, opérée fourdement par des *Exempts de Police*, qui
laiffât une égale incertitude fur la vie des prifonniers,
& leur crime, ou leur innocence. Ces prifons momen-
tanées furent conftruites avec appareil, on eut foin de
les rendre vifibles, comme l'exemple d'un grand châtiment, & fans doute dans le pays perfonne n'en ignoroit
le fujet.

Mais au milieu de cette rigueur effrayante, les pa-
tiens recevoient encore des adouciffemens : ils voyoient
quelquefois leurs domeftiques : ils faifoient demander les
fecours fpirituels des guides, auteurs de leur infortune :
on leur portoit de chez eux des habillemens, de la nourriture, des nouvelles, enfin tout ce qui eft fcrupuleufement exclus de la *Baftille*.

Dans l'*Afie* entiere, il eft impoffible de découvrir une
Prifon d'Etat conftante, admife au nombre des principes du gouvernement, ailleurs qu'à *Ceylan.* "Le Roi
„ y a, dit un voyageur, quantité de prifonniers, qui
„ font enchaînés, les uns dans les prifons ordinaires, les
„ autres fous la garde des grands. On n'oferoit s'in-
„ former pourquoi, ni depuis quel tems ils y font;
„ on les tient ainfi durant cinq ou fix années : quand
„ on les emprifonne, c'eft par ordre du Roi...."
Voilà bien quelque chofe de la *Baftille :* les *Myfteres
d'Etat* de *Ceylan* fe rapprochent un peu de ceux de la
rue St. Antoine : mais obfervez cependant qu'il n'y eft
pas queftion de ces cachots fpécialement deftinés à enfevelir les infortunés fur le crime, ou la cataftrophe
defquels le filence eft fi impérieufement prefcrit. Ils font
dépofés dans les *Prifons ordinaires*, ou confiés à la *garde
des Grands.*

Dans le premier cas, ils n'effuient donc qu'un malheur commun à tous les accufés : dans le fecond, ils
doivent trouver dans ces *Chartres privées*, quoique *Royales*, des foulagemens de toute efpece. On ne peut pas
fuppofer que toute la nobleffe de *Columbo*, ou de *Candi*,
prenne le cœur d'un Gouverneur de la *Baftille*, parce

qu'un defpote en exige d'elle paffagèrement les fonctions,
Il eft évident d'ailleurs qu'aucun de ces gentils-hommes
bafanés, ne peut avoir chez lui, ni ces fenétres, & ces
cheminées à dentelles de fer, ni ces murs de trente
pieds d'épaiffeur, ni ces *Cabinets* qui font une prifon
dans une prifon, & qui varient à chaque inftant les douleurs. comme l'ignominie.

L'*Afie* entiere eft donc évidemment exempte de cette
pefte qui confume chez nous tant de citoyens.

En *Amérique* il y a bien d'autres fortes d'oppreffions,
& en *Afrique* auffi; mais on n'y connoît pas celle-là.
Les *Indiens* dans le nouveau monde font écrafés par des
maitres impitoyables, qui font eux-mêmes avilis par la
fuperftition; une partie des côtes de l'*Afrique* eft fou-
mife à un gouvernement arbitraire, qui n'a que les abus,
& les dangers de celui qui règne en *Afie*. Le refte n'eft
guère dévafté que par notre commerce : ce font des
marchands d'*Europe* qui portent des chaines aux habitans de *Congo*, ou de *Juida*, & non leurs Princes qui
les en accablent: on les vend, on les dévoue à une vie
active : mais aucun Miniftre n'a le droit de les condamner pour fon *bon plaifir* à une inaction meurtrière :
certainement ils font très-malheureux dans les cafes des
Antilles : mais c'eft d'un autre malheur, & d'un malheur qui admet des adouciffemens, des confolations. Ils
ont leurs femmes, leurs enfans: l'exactitude à remplir
leurs devoirs, peut les fauver du fouet des *Comman-
deurs:* mais elle ne fauve perfonne d'une *Lettre-de-cachet*, & du régime qui s'enfuit.

C'eft donc dans l'*Europe* feule qu'on peut redouter
ces terribles fléaux, & encore dans quelles parties de
l'*Europe* font-ils à craindre ? Ce n'eft pas, comme on
le fait, dans toute la *Grande-Bretagne*. Une détention
arbitraire y feroit un crime de *léfe-peuple*, prefque auffi
rigoureufement pourfuivi qu'un de *léfe-Majefté :* & j'ai
rendu ci-deffus hommage à la vérité non moins connue,
que dans les détentions même que des intérêts fupé-
rieurs, & des ordres relatifs au fervice public, autori-
foient, l'accufé, le prifonnier, même coupable, ne per-

doient aucun des droits de l'innocence , ni aucune de ſes reſſources.

En *Allemagne* les Princes ſont en général aſſez deſpotiques , dans le ſens que l'uſage ordinaire attache à ce mot ; c'eſt-à-dire . qu'aucune barriere effective ne gêne ni l'emploi , ni l'abus de leur pouvoir : cependant ils n'ont ni *Baſtille* , ni équivalent. Rien ne les empêcheroit de ſe donner cet amuſement ; mais ſoit que l'idée n'en vienne qu'aux Miniſtres des grands Etats ; ſoit que le recours à l'*Empereur* , ou aux Tribunaux exiſtans , & la crainte de donner trop d'influence à ces épouvantails qui ne manqueroient pas l'occaſion de ſe ſignaler , s'ils la trouvoient , contiennent les propriétaires de ces grands fiefs ; ſoit que le peuple encore docile , patient , & en général peu inſtruit , comme peu paſſionné , obéiſſe aſſez ſans qu'on l'aſſujettiſſe à ce joug , il me ſemble qu'il n'exiſte de *Baſtille* depuis le *Rhin* , juſqu'à l'*Oder* , que *Spandow*.

Mais , 1°. *Spandow* exiſte dans une monarchie toute militaire. Ce coloſſe né de nos jours , & parvenu par la force à un développement auſſi étonnant que rapide , doit conſerver dans ſa conſtitution , quelque choſe de ſon origine ; 2°. c'eſt même aux *Militaires* que la *Baſtille Brandebourgeoiſe* eſt ſpécialement deſtinée. Il eſt très - rare que les *Citadins* en partagent le funeſte honneur : & des ſoldats qui ne reconnoiſſent d'autres truchemens que la bayonnette & le canon , pourroient-ils ſe plaindre qu'on leur parlât quelquefois avec des *Lettres-de-cachet ?*

En *Danemarck* depuis l'abominable *Chriſtiern* , je ne vois pas que les Rois , ni leurs Miniſtres , aient eu la tentation d'en décocher , ni que le *Jutland* , ou la *Fionie* , gémiſſent ſous des maſſes auſſi peu utiles , auſſi meurtrieres que la *Baſtille*. En *Suède* aucun Roi n'a ſouillé ſon règne par l'ordre d'en conſtruire , ou d'en faire uſage.

Enfin en *Ruſſie* , celui de tous les pays du monde , où les anciennes mœurs auroient été le plus comparables avec la *Baſtillerie* & ſes dépendances , elles ont conſacré préciſément des uſages contraires : les *Lettres-*

de-cachet y font dans toute leur vigueur : mais les fuites en font toutes différentes : c'eft une province entiere
qui eft devenue une prifon d'Etat. En *France* un des
tourmens des captifs , c'eft la petiteffe de leur cachot :
en *Sibérie* , ils ne gémiffent que de fon immenfité. Les
uns font enfevelis dans de vrais tombeaux : les autres
font perdus dans de vaftes deferts. Quelque infortunés
que foient ceux-ci , il eft évident qu'ils font cependant
moins à plaindre. Ils ont des diftractions & des dédom-
magemens. Leurs familles les fuivent , les accompagnent :
fi leurs cœurs font déchirés fouvent , en fe rappellant
les uns aux autres ce qu'ils ont perdu , ils peuvent fe
confoler, en s'occupant de ce qui leur refte : au moins
ils pleurent enfemble , & les feules larmes vraiment
améres font celles qui fe verfent dans la folitude.

D'ailleurs l'activité de la vie qu'ils font forcés de mener les préferve de l'ennui, du tourment de fe reporter
fans ceffe fur le paffé, de trembler d'avance de ce que
prépare l'avenir. Ils font bien malheureux fans doute :
mais ils ne croiroient pas l'être , s'ils connoiffoient la
Sibérie Françoife.

En *Efpagne* il y a , je crois , deux ou trois tours mi-
fes auffi par le Miniftère au nombre des refforts du Gouvernement & des befoins de l'Etat : mais elles font peu
remplies , parce qu'elles ont eu jufqu'ici pour rivales
les prifons de l'*Inquifition :* un peuple qui porte ce dernier joug , & le porte paifiblement, ne peut entrer comme
terme de comparaifon dans aucun calcul de politique,
relativement au premier.

En *Italie* , comme en *Allemagne* , ce dernier eft très-
peu connu. A *Rome* & à *Venife* il exifte cependant des
indices d'un pouvoir redoutable, & d'un *Baftillage* très-
caractérifé. Il exifte dans l'une un château, & dans l'autre un tribunal, qui font également des outrages à la
juftice, & des armes toujours prêtes pour le defpotifme.
Cependant la multitude d'étrangers qui ne ceffent de
traverfer ces contrées célèbres prouve que l'ufage en eft
moins fréquent , que l'appareil n'en eft terrible. Quand
un *Anglois*, un *Hambourgeois* s'embarquent pour aller
à *Rome* , entendre des *Oratorio* & admirer *St. Pierre*,

ou danfer en mafque à *Venife*, leur famille ne les conjure pas en tremblant de fe garder de l'ancien château d'*A-drien*, ou de l'*Inquifition d'État* ; & il n'y a point d'é-tranger annonçant qu'il va en *France*, à qui l'on ne dife de fe défier de la *Baftille*.

D'après les faits & l'opinion, la *Baftille* eft donc un monument *Incomparable*, C. Q. F. D

(24) Page 60. *Que font donc ceux qui les ont détrui-tes?*] Je n'apprécie pas ici les manipulations de M. *Necker*: J'ai eu beaucoup à me plaindre de lui, & plus encore de fa femme qui étoit plus miniftérielle que lui : mais ces foibleffes privées ne doivent point influer fur le ju-gement qu'un écrivain impartial peut porter des opéra-tions des hommes en place. M. *Necker* conferve encore de nombreux partifans : il a fait entrevoir en *France*, ce qui n'eft pas un petit mérite, l'efpoir d'une ombre de reftauration. S'il n'avoit pas été contrarié par une guerre ruineufe, ou plutôt par l'ineptie dépenfière qui dirigeoit malheureufement de fon tems les forces *Nava-les* du Royaume, on peut croire qu'il auroit vraiment fait le bien.

Ce qu'on peut lui reprocher feulement, d'après les faits, c'eft de s'être donné trop d'éloges par la bouche du Prince, dans les préambules des édits qu'il dictoit ; c'eft d'y avoir trop adopté la méthode verbeufe & ampha-tique de fon prédéceffeur : c'eft fur-tout d'avoir, comme fon prédéceffeur encore, préféré les petits moyens aux grands ; c'eft de ne s'être occupé dans fes réformes que des abus particuliers, qui fe feroient diffipés d'eux-mê-mes après la régénération générale, s'il avoit eu le cou-rage de l'entreprendre ; c'eft de n'avoir fait que des tentatives molles, imparfaites, comme M. *de St. Ger-main* ; de n'avoir ofé, par exemple, propofer des *Etats* pour toutes les provinces, & d'en avoir inutilement éta-bli l'ombre dans les *Affemblées Provinciales*, & d'avoir ainfi effayé de concilier les principes du defpotifme avec ceux de la liberté ; enfin, c'eft de s'être amufé à pan-fer des abcès, tandis qu'il avoit à traiter une gangrêne univerfelle, de les avoir traités en manipulateur obfcur plutôt qu'en phyficien élevé, d'avoir fait dans toutes

ſes opérations des viremens de banque , & non des diſpoſitions politiques , &c.

(25) Page 61. *Des Princes de la famille Royale.*]
J'ai eu aſſez promptement la permiſſion d'*écrire :* il ſemble que ce ſoit une grande marque de bienveillance ,
& un ſoulagement inappréciable : qui pourroit déviner ,
ce qui n'eſt cependant que trop vrai, que c'étoit pour
moi une torture de plus ?

1°. Le papier , on ne le donnoit que par compte ,
ſur un *reçu* en règle , avec l'aſſujettiſſement , pour en
obtenir de nouveau , d'indiquer l'emploi de l'ancien ; eſpèce de ſervitude qu'il faut avoir éprouvée pour apprécier tout ce qu'elle a de poignant.

2°. On ſe doute bien que je ne pouvois être tenté
d'employer ce papier qu'à des lettres , à des mémoires
relatifs à ma liberté. Or à qui les adreſſer ? Aux Miniſtres ! Ils ne répondoient point : & ma ſituation ſeule
prouvoit aſſez que ce n'étoit pas d'eux que je pouvois
attendre des ſecours ! A mes amis , à mes protecteurs !
J'étois prévenu que rien ne paſſeroit juſqu'à eux. Je l'é-
tois qu'ils *me croyoient mort ;* que ceux à qui l'on ne
pouvoit pas en impoſer ſur cet article ne montroient
que de l'indifférence ? Au bout de huit mois , on m'ac-
corda la correſpondance du Sr. *Le Queſne* dont on ne
ceſſoit de me vanter le zèle , & la probité. Or , pour
ſavoir ce que c'étoit que le Sr. *Le Queſne ,* conſultez ,
Lecteur , l'Avis qui précède le N°. LXXII des *Annales.*

(26) Page 80. *Qui en gémiſſent.*] Ils en ont une double raiſon : d'abord , comme ils ſont les ſeuls intermé-
diaires qui approchent des reclus , ils en ſont néceſſaire-
ment auſſi les confidens ; ils en reçoivent les plaintes ,
& quelquefois les humeurs. Mal-payés , traités avec dé-
dain par les ſupérieurs , attendant quelques gratifications
des priſonniers que le deſpotiſme n'a pas dévoués à une
captivité éternelle , ne ſachant jamais ſi elle aboutira à
l'*échaffaut,* ou au *miniſtère ;* ſi leur commenſal finira par
être aſſaſſiné juridiquement comme *Lally,* ou *Maréchal
de France* comme *Belle - isle ,* & tant d'autres , ils ne
ſont pas fâchés de trouver quelquefois l'occaſion de
montrer un peu de zèle.

L'humanité peut quelquefois auffi agir fur ces cœurs ruftiques, que l'opulence n'a point endurcis. Je dois même cette juftice à ceux de la *Baftille*, de publier qu'ils en font les feuls agens fur qui ce fentiment paroiffe avoir quelque prife. Les fimples foldats y font, comme ailleurs, une meute ftupide que le fouet dirige, & qui ne connoiffent dans, ou hors leur chenil, que la foupe, & l'ordre des piqueurs. L'*Etat-major* des *Porte-clefs*, fe trouvant entre les deux, eft par cela même le feul auprès duquel la commifération puiffe avoir accès.

Mais ils ont de plus une forte raifon de s'oppofer aux retranchemens qu'opère fur la table des prifonniers, la léfine du Gouverneur, ou du moins de fouhaiter qu'elle foit réprimée: c'eft que la defferte leur en appartient: & l'on ne peut pas imaginer combien l'honnête M. *De Launay* en eft jaloux. Pour peu que lui & fon Miniftre confervent leurs places, je ne doute pas qu'il ne vienne bientôt quelque lettre fignée *Amelot*, qui mette ordre à cet horrible défordre.

Au refte, fi ces grands dépofitaires des *Secrets de l'Etat* n'avoient pas auffi leurs petits fecrets particuliers; fi le filence qui couvre leurs barbaries envers les prifonniers n'étoit également néceffaire pour dérober la honte, & l'iniquité de leurs conventions privées entr'eux, il feroit facile au Gouverneur actuel de motiver l'avarice qui préfide aux approvifionnemens de fa taverne.

Il regarde comme fon bien propre, comme un vrai patrimoine, les *foixante mille livres de rente* attachées à fon emploi; & il en a quelque raifon, car il les a *achetées*, & même affez chèrement.

1°. Il en a obtenu la *furvivance* du tems du Comte de *Jumilhac*; mais celui-ci, pour fe déterminer à accepter un coadjuteur, a exigé cent mille écus comptant, qui lui ont été payés; & de plus le mariage de fon fils avec la fille de M. *De Launay*, regardée comme une riche héritière, ce qui a eu lieu.

M. *De Launay*, malgré cet accord, n'ayant pour lui, ni nom, ni fervices, ni agrémens, ni même de protections; auroit encore pu effuyer un refus: heureufement il avoit un frère au fervice de M. le *Prince de Conti*:

le frère a obtenu l'intervention du Prince qui a obtenu
le confentement du Miniftre, dont les Commis ont ex-
pédié les patentes, fignées *Amelot* ; & pour payer la
recommandation de fon cadet, l'heureux aîné lui a affuré
une penfion de *dix mille francs* par an, fur les revenus
de fa place.

Ce marché eft tout public à la *Baftille* : il n'y a pas
un des Marmitons qui n'en foit inftruit : & pourquoi s'en
fcandaliferoit-on ? Tous les emplois qui y exiftent en oc-
cafionnent de femblables. Celui de *Lieutenant de Roi*
vaut environ 8000 liv. T. par an ; le poffeffeur actuel
en a donné à fon prédeceffeur une fomme comptant
dont j'ignore la quotité ; & il lui fait une penfion annuelle de mille écus, dont je fuis très - certain.

Ceux de *Porte - clefs* valent à-peu-près 900 liv. T. par
an : ils font ordinairement remplis par d'anciens *Laquais*
du Gouverneur ; ainfi c'eft pour les récompenfer qu'on
les fait bourreaux : mais ils n'obtiennent pas encore gra-
tuitement ce prix honteux de leurs fatigues paffées. Il
n'y en a pas un qui ne foit obligé de faire en entrant,
ou un préfent, ou une rente à quelque protégé ou pro-
tégée.

Enfin le *blanchiffage* même eft l'objet d'un tripotage
de cette efpèce : la *blanchiffeufe* en titre reçoit du Roi
environ trois fols par *chemife* : elle afferme fon brevet
a un fouftraitant qui lui en laiffe le tiers, & gratte le
linge des reclus à deux fols par piece.

Voilà comme fe fait *le fervice du Roi*, & celui des
prifonniers : voilà comment fe maquignonent ces emplois
de *confiance*. Voilà à la difcrétion de qui eft remife la
vie d'un homme innocent, qui n'a à fe reprocher que
le malheur plus fouvent attaché à la vertu qu'au crime,
d'avoir des ennemis nombreux & puiffans.

(27) Page 83. *Ecole de Poifon.*] On fait que les crimes de la fameufe *Brinvilliers*, au fiecle dernier, vin-
rent de l'éducation que fon amant avoit reçue en ce
genre à la *Baftille*. Un *Italien*, nommé *Exili*, qu'on lui
avoit donné pour compagnon de chambre, fut fon pré-
cepteur : ce qui prouve, pour l'obferver en paffant, auffi
bien que les mémoires que j'ai cités ailleurs, que dans

ce tems-là on ne connoiſſoit à la *Baſtille*, ni la ſolitu-
de, ni les privations de toute eſpèce qui en forment
aujourd'hui la conſtitution caractériſtique; mais ce n'eſt
pas ſans doute le danger de cette éducation criminelle
qui a amené la réforme d'aujourd'hui.

Au reſte, il ne s'agit pas ici de la funeſte théorie
d'*Exili*; je ne parle que de la facilité d'en imiter la
pratique. Or il eſt ſûr qu'elle eſt entière à la *Baſtille*,
ainſi que l'impuiſſance abſolue pour un priſonnier de
s'y ſouſtraire, ſi c'étoit le Gouvernement qui voulut at-
taquer ſa vie par cette voie, & l'impuiſſance non moins
abſolue, je ne dis pas d'acquérir la preuve de ce crime, s'il étoit commis par d'autres inſinuations, & qu'on
put y échapper, mais même d'en recueillir le moindre
indice. Si, dans ce ſecond cas, ce n'eſt pas directement à l'adminiſtration qu'on peut le reprocher, elle
en eſt toujours complice par la facilité qu'elle donne à
la commettre : un paſſant eſt aſſaſſiné par deux brigands
dans un bois; celui qui ſe feroit contenté de lui tenir
les bras, tandis que ſon camarade l'égorgeoit, feroit-il
reçu à ſoutenir qu'il n'a pas concouru au meurtre ?

Princes vertueux & bienfaiſans, cette ſeule idée ne
vous fera-t-elle pas horreur? Par le régime de la *Baſtille*, votre nom peut devenir journellement tout à la
fois l'inſtrument du plus lâche de tous les crimes, &
un voile impénétrable pour le couvrir. Vous enverriez
au ſupplice quiconque oſeroit vous propoſer de ſervir
de votre main ſacrée, aux victimes de la tyrannie de
vos Miniſtres, un breuvage mortel, & par ce régime
infernal la *lettre-de-cachet* qu'ils vous ſurprennent, leur
aſſure le moyen de le verſer impunément eux-mêmes !

Les géoliers qu'ils emploient ſe recrieront que ce ſoupçon ſeul eſt une inſulte à leur délicateſſe ! Mais encore une fois les loix qui interdiſent les *Chartres privées*, celles qui ordonnent de reſpecter la liberté des
hommes, ſont-elles moins authentiques, moins ſacrées
que celles qui protègent leur vie ? Celui qu'un ſordide
intérêt engage à violer les premieres, non-ſeulement
ſans ſcrupule, mais avec joie, héſitera-t-il à enfreindre
les ſecondes, quand il ſera ſollicité par un intérêt plus

vif, par une amorce plus féduifante ? Et qu'eft - ce qu'une vertu qui dépend du prix qu'on en voudra donner ? Quand les chefs feroient fufceptibles de ce fcrupule, les fubalternes le feront-ils ? & s'ils fuccombent, le *Secret* de la *Baftille* n'affure - t - il pas leur impunité comme leur fuccès ? Tous achetent leurs places ; je l'ai fait voir ci-deffus. Or des hommes capables de donner de l'argent pour acquérir le droit de fe fouiller de cet infâme fervice, parce qu'il eft lucratif, refifteront-ils bien courageufement à la tentation de le rendre plus lucratif encore, par des complaifances bien payées ?

J'infifte fur cette idée, parce qu'elle m'a bien longtems, bien cruellement occupé, ou plutôt déchiré ; parce que dans le nombre innombrable des raifons qui prefcrivent l'abolition de la *Baftille*, ou du moins de fon régime, c'eft la plus frappante. On peut tromper un Souverain même bien-intentionné, au point de lui perfuader que les *prifons d'Etat* en général, & les ordres arbitraires qui les peuplent, font un acceffoire inféparable du Gouvernement, & néceffaires au maintien de l'ordre public, comme à celui de la Couronne : mais il n'y en a point à qui l'on put perfuader qu'il lui importe de donner aux plus méprifables fatellites fur la vie de tous fes fujets, fans diftinction, un droit qu'il frémiroit de s'arroger à lui - même : & il eft démontré cependant que c'eft-là le fruit néceffaire du *Régime* de la *Baftille*.

(28) Page 86. [*A M. Raymond Gualbert de Sartines.*] Ce n'eft pas, à la vérité, l'horloge feul que M. *Raymond Gualbert de Sartines*, &c. a fi ingénieufement reconftruit. L'infcription apprend qu'il a été auffi l'ordonnateur du bâtiment où cette machine eft placée ; bâtiment qui comprend la *cuifine*, les *bains* de Mde. la *Gouvernante*, le *chenil* des *Porte-clefs*, & du refte de la *Horde* qu'on appelle l'*Etat - major*, excepté le Gouverneur, qui, comme je l'ai obfervé, loge au dehors, quoique fa cuifine foit au dedans, & que Madame s'y baigne, & ces bains ont des particularités au moins auffi remarquables que l'horloge.

Qu'une

Qu'une femme de Gouverneur se lave dans un lieu, ou dans un autre, rien ne semble plus indifférent, & rien en effet ne devroit l'être davantage : mais à la *Bastille* tout a des conséquences, & elles sont toujours douloureuses.

La *baignoire* de *Madame* étant placée dans l'inté-rieur du château, pour y parvenir il faut traverser la cour, & par conséquent le seul espace qu'aient les prisonniers, comme je l'ai dit, pour se promener. Mais ce sont ses laquais qui portent l'eau : il faut qu'ils en-trent, & qu'ils sortent ; par conséquent chaque voie en-traîne pour le promeneur, comme on l'a vu, un ordre de *cabinet*. (*Voyez page* 87.)

Ensuite viennent *les femmes de chambre :* il faut por-ter les *chemises*, les *serviettes*, les *pantoufles* de *Mada-me :* tout seroit perdu, si le reclus appercevoit le moin-dre de ces *secrets de l'Etat ;* chaque importation produit donc encore un *cabinet*.

Enfin arrive *Madame* elle-même : elle n'est pas lége-re : sa marche est un peu lente : l'espace à parcourir est assez long : le Sentinelle, pour faire sa cour, & prou-ver son exactitude, crie *Au cabinet* dès qu'il l'apper-çoit ; il faut fuir : il faut rester *au cabinet*, jusqu'à ce qu'elle soit rendue à sa baignoire : & quand elle sort, sa retraite est accompagnée des mêmes formalités en sens contraire. Le reclus a de même à supporter, dans *le cabinet*, la Maîtresse, les Femmes de chambre, & les Laquais.

De mon tems, le Sentinelle dans un de ces passages ayant oublié de heurler le signal de la fuite, la mo-derne *Diane* fut vue dans son deshabillé : j'étois l'*Actæon* du jour : je n'essuyai point de métamorphose : mais le malheureux Soldat fut mis en prison pour huit jours : je ne pûs l'ignorer, puisque j'en entendis donner l'ordre.

Ailleurs les bains donnent de la santé, ou préparent des plaisirs. Une Gouvernante de *Bastille* n'a point de crise de propreté qui n'en entraîne plusieurs de dé-sespoir.

K

(29) Page 92. [*Pour la nourriture & le vêtement.*]
On a vu dans le texte ce que c'eſt que la *Nourriture.*
Quant au *vêtement*, M. le Gouverneur m'a ſouvent
parlé de ſes largeſſes en ce genre ; je ne crois pas qu'il
m'ait jamais honoré de ſes viſites ſans me parler des
culottes qu'il diſtribuoit libéralement à SES *priſonniers ;*
car en parlant des malheureux reclus, il emploie tou.
jours le terme poſſeſſif. Voici ce qui m'eſt arrivé à
moi-même.

J'ai été arrêté le 27 Septembre, allant dîner à la
campagne ; & par conſéquent avec la garde - robe que
l'on emporte pour un pareil voyage, dans cette ſaiſon.
Il ne m'a pas été poſſible de me procurer quoique ce
ſoit de plus, ni en linge, ni en habits, juſqu'à la fin
de Novembre ſuivant ; dans ce mois qui a été rigou-
reux, en 1780, il falloit, ou me condamner moi-même à ne pas ſortir de ma chambre, ou aller nud, lit-
téralement nud, braver dans la promenade la violence
du froid : & j'avois de l'argent, comme je l'ai dit, dépoſé dans les mains des officiers ; & je ne demandois
que la permiſſion d'*acheter* ces culottes, que l'on *don-*
noit, me diſoit-on aux autres.

Il y a plus : dans les derniers jours de Novembre,
on m'envoya enfin de chez le Sr. *Le Queſne* un convoi
d'hyver ; il contenoit des bas qu'un enfant de ſix ans
n'auroit pas pu mettre, & le ſurplus de l'habillement
taillé ſur les mêmes proportions. Sans doute on avoit
calculé que je devois être prodigieuſement maigri. Cela
ne paroîtra puérile qu'à ceux qui ne réfléchiront pas
aux circonſtances : mais voici qui ne le paroîtra à perſonne.

J'élevai douloureuſement la voix ſur une expédition
auſſi dériſoire : je priai le Gouverneur de renvoyer cette
layette, & de s'intéreſſer pour m'obtenir un ſupplé-
ment, ou de me le laiſſer acheter : il me répondit nettement, en préſence de ſes Collègues & d'un *Porte-*
clef, QUE JE POUVOIS M'ALLER FAIRE.... QU'IL SE F....
BIEN DE MES CULOTTES ; QU'IL FALLOIT NE PAS SE

METTRE DANS LE CAS D'ETRE A LA BASTILLE, OU
SAVOIR SOUFFRIR QUAND ON Y ÉTOIT.

J'avoue que fes camarades baifferent les yeux, & que huit jours après j'eus une *Robe-de-Chambre* & des *Cu-lottes*.

Si ces inconcevables atrocités n'étoient pas ordonnées, il faut les publier, afin de les épargner à mes fucceffeurs : fi elles étoient autorifées, fi elles entrent, ou dans le régime de la maifon, ou dans le traitement particulier qui m'étoit préparé, il faut les publier encore, afin d'affurer au fcrupuleux Gouverneur les récompenfes que mérite fon exactitude.

CONCLUSION.

JE me laſſe de tenir cette palette lugubre, quoique
je ſois loin de l'avoir épuiſée. Je n'ai dit ici que ce qui
m'eſt arrivé à moi-même, ou ce dont j'ai pu parler ſans
riſque de compromettre les ſources auxquelles j'en ai
dû la connoiſſance. Que ſeroit-ce donc ſi je révélois
tout ce que j'ai appris, ou par des confidences, ou par
des indiſcrétions, ou par la ſagacité que donne à l'eſprit d'un reclus l'impuiſſance de ſe diſtraire autrement
que par ſes efforts pour pénétrer les ſecrets qui l'entourent, & qu'on veut lui cacher ?

Tandis qu'on imprimoit ces *Mémoires*, on m'a envoyé un livre ſur la même matiere, intitulé *des Lettres-de-cachet*, *&c.* Je ſuis fâché que cet ouvrage ſoit
anonyme, parce qu'il ſemble par-là en avoir moins d'au-
thenticité. Il met au jour les myſtères du Donjon de
Vincennes, comme celui-ci dévoile ceux des Tours de
la *Baſtille*. On pourra les comparer : peut-être avec le
tems aurons-nous ainſi des hiſtoires des vingt & tant
de *Baſtilles* que la *France* renferme, ou plutôt qui ren-
ferment la *France*.

Toutes juſtifieront la réflexion par laquelle commence
ce triſte tableau, (*voyez page* 53 *ci-deſſus*) réflexion
que l'on ne peut trop ſouvent rappeller à un gouvernement équitable, qui n'a ni l'intérêt, ni l'intention
d'être cruel. Quel eſt l'objet de ce ſecret, de cette

impénétrabilité, de cette barbarie qui caractérifent ces prétendues prifons *royales*? N'eft-ce pas, précifément parce que tout s'y fait au nom immédiat *du Roi*, que tout devroit y porter une empreinte plus fpéciale de clémence, ou du moins de juftice? Les rigueurs n'y font affujetties à aucune formalité préliminaire; les adouciffemens ne devroient donc pas y être plus reftraints.

Quand elles ne contiendroient en effet que de vrais *Criminels d'Etat*, ou des hommes réellement foupçonnés d'avoir participé à des complots nuifibles, encore faudroit-il, au moins jufqu'à leur conviction, avoir pour eux les égards dûs à l'humanité. Ne perdons point de vue l'axiome précieux configné dans la Déclaration du 30 Août 1780; n'oublions point cet hommage rendu à la vérité par la bienfaifance. Toute *peine* infligée *dans l'obfcurité*, même à des coupables, eft au moins *inutile*, & dans l'idiome de la juftice, qu'eft-ce qu'une *peine inutile*? & quel nom donner à ces *peines inutiles*, quand il fe trouve qu'elles ne tombent que fur des innocens?

Or, encore une fois, rien de plus rare dans ces *Prifons d'Etat*, dans ces *Tortures d'Etat*, dans ces *Supplices d'Etat*, que des *Criminels d'Etat*. Si les 20 ou 30 geoles qui portent en *France* cet horrible nom; fi la pluie de *Lettres-de-cachet* qui les peuple, ne fervoient en effet jamais qu'à punir des factieux, à déconcerter des rebellions, il faudroit donc que la *France* ne fût remplie que de *Catilinas*. Le pays de l'univers où le joug fe porte avec plus de docilité, feroit donc par effence la patrie des conjurations , & un repaire de confpirateurs ; ce qui eft auffi abfurde que honteux à fuppofer.

Mais fi ce ne font pas des coupables que l'on entaffe dans les *Baftilles* , de qui donc regorgent - elles ? Contre qui donc eft dreffé l'appareil qui les rend fi formidables ? A qui font réfervés ces cachots dont le filence n'eft interrompu que par des gémiffemens , où la terreur veille à écarter tout ce qui pourroit écarter le défefpoir ? Hélas! faut - il le dire ? A des peres de famille paifibles , à des citoyens irréprochables , à des actions honnêtes , auxquelles le Gouvernement peut-être devroit des récompenfes.

En veut - on un exemple entre mille ? Citons celui du Sr. *de Bure* , déja configné dans les *Annales* , Tome III , page 239. Le Sr. *de Bure* étoit un libraire diftingué dans fa profeffion : fa famille exerce avec honneur , depuis cent ans de pere en fils , ce commerce utile & digne d'encouragement , quand le fcrupule s'y joint à l'intelligence : il étoit chef de fa communauté.

Le Souverain juge à-propos d'introduire dans ce corps une police nouvelle ; une loi ordonne que certains livres feront *eftampillés* , c'eft-à-dire marqués d'un certain figne , qui devoit leur donner de certains droits. Jufques-là tout alloit bien , au moins pour ceux à qui l'*eftampillage* devoit valoir beaucoup d'argent.

Mais un ordre particulier enjoint au Sr. *de Bure* d'appliquer lui-même l'*eftampille* ; de fe rendre le miniftre manuel , l'exécuteur de cette opération : il y voit la

ruine infaillible de plufieurs familles, de la communauté dont il eſt le chef: il croit ſa conſcience inté-
reſſée, ainſi que ſon honneur, à s'excuſer: il offre ſa
démiſſion, afin que l'emploi qui lui répugne, paſſe ſans
bruit dans des mains plus dociles.

On ne reçoit point ſa démiſſion: on lui répéte deux
fois, trois fois, l'ordre fatal, *eſtampillez*, *ou bien*.....
Il perfiſte à ſe défendre: on accomplit l'alternative: on
le met à la *Baſtille*. Et voilà un *criminel d'Etat*.